JN114388

カイチュウ博士81年の人生訓

人の研究を笑うな

藤田紘一郎

50代後半、東京医科歯科大学医動物学教室にて
自らの腸内で飼ったサナダムシの「キヨミちゃん」たちとともに

ワニ・プラス

はじめに

80歳になったのを機に、これまで書いてきた本の数々を読み返してみたくなりました。注目を浴びた本もありましたが、そうでない本も多くあります。私自身にとっては、すべての一冊一冊に思い入れがあります。

拙著を読みながら、われながらユニークな人生を歩んできたな、と感じました。日本社会、どんどん窮屈になっています。自由な発想でものをいい、自分の思うままに生きることが、難しくなっています。インターネットが発達し、誰もが自由に意見をいえるようになったら、それがかえって人の思考をお行儀よく、倫理的にしていきました。私も講演会や取材などでダジャレをいい、オスとメスのあれこれの話をすると、「藤田先生は下品ね」と叱られることも多くなりました。

しかも、電子メディアの時代になって、時間と空間が急速に圧縮されました。隣の家よりニューヨークのほうが近くなっている始末です。

それを「時代」の一言で、片づけようとする人がいます。

ただ、どんなときにも「時代」と呼ばれる「時」はあります。「時代」という人間がつくり出した人工的な時間の中で過ごす私たちは、どうしたら自由な「生身の生き方」をできるのでしょうか。

私自身のことでいえば、生まれた家は貧乏で、両親は仲が悪く、しかも父が結核療養所の医者をしていたために、幼いころから高校生までいじめられ続けました。だから私は、修学旅行というものに、一度も行ったことがありません。

さらに幼いころを振り返れば、東京大空襲の中、周りにいる人たちがあっという間に死んでいき、その死体を飛び越えて逃げた経験があります。

満州からの引き上げ時には、私自身も病気で何度か死にかけました。

すべてを「そんな時代を生きていた」と片づければそれまでですが、私は自分が歩んできた経験から、「最後はどんな人も必ず死んでいくのだ」という真実を幼心にも胸に刻み込みました。

何度も死にかけ、孤独を感じ続けた経験は、「いずれ死ぬのだから、何をしてもそう変わりはない。将来困ったとしてもなんとかなるさ」という死生観も私に植えつけました。このシンプルな考え方が、「時代」の常識に飲み込まれず、自分流を貫く私の軸にもなっていたように思います。

実際、医者が少なく重宝される時代に医者になりながら、日本人みんなが嫌う寄生虫や細菌、熱帯病の研究に没頭する研究者人生を歩んできました。患者さんに敬われる「お医者さま」にはなれなかったけれど、大好きな研究に没頭する医者であり続けることはできました。

もし親の愛情に恵まれ、家族や親密なコミュニティにどっぷりと浸かって生きていたなら、まるで違う人生を歩んだのではないか、とも考えます。「愛情に恵まれなかった」というと、「かわいそう」と同情してくれる方もいますが、よいこともありました。その最大の一つが、一人でいることが平気になったことです。

本来、人とは独りぼっちを怖がる動物です。孤独に不安を覚えます。それは人として自然な感情です。人は、進化の過程で群れから外れないため、一人でいることに一種の痛みを感じるよう、遺伝子に組み込まれています。

ただし、遺伝子とは、経験で変化を起こすことがわかっています。生まれ持った性質がすべてではない、ということです。どんなことも経験することで、私たちは自分を変えていく力にしていけるのです。

事実、私は、いじめられ続け、両親にも愛されなかった経験から、孤独に痛みを感じなくなりました。人生は自分だけのものと思えば、人はいつだって一人とわかるからです。若くても一人、老いても一人、結婚していたって、集団の中にいたって、人は一人です。

むしろ現代社会では、集団の中にいるほうが危ないことが多い、ということも理解できています。大勢で群れていると多数意見に流されてしまい、自分の判断で動けなくなりやすいものです。気がつかないうちに人の心を傷つけてしまうことも起こるでしょう。自分という人間を「常識」という名の枠に当てはめやすくもなります。しかし、その枠は窮屈で、堅苦しく、心を萎縮させ、あなたを疲弊させてはいませんか。

「日本の将来、世界の将来、そして自分自身はこの先どうなっていくのだろう」今、この素朴な疑問を多くの人が心の片隅に抱えていることでしょう。でも、どんなときも人は自分で考えて、人生のレールを自ら敷かなければなりません。

誰も私のために考えてくれないし、手も引いてくれません。だからこそ、人生という長い旅路を自分が進みたいように進んでいけるのだとも思います。

そこで、「寄生虫博士」「カイチュウ博士」と呼ばれるほど変わっていて、波瀾万丈だったこの研究者人生で学んだことを、一冊にまとめてみようと思いました。けっこうおもしろい経験を重ねてきたと思います。ただ、同業者にはたびたびバカにされ、変人扱いもされ、「人の研究を笑うな」と何度もいいたくなりました。

でも、この本を読んでくださったみなさんが、ときに「うふふっ」とほほ笑んで、「こんなヘンな人でも、生き抜いたんだな」と、不安や迷いを和らげる参考にしてもらえたら、私の人生、もう一ついいことが増えたな、と思えるのです。

藤田紘一郎

第1章 「変わり者」を生きる勇気

第2章 「寄生虫博士」の人生はトンデモなく奇想天外

第3章 苦しいときほど「下」を向いて生きればいい

第4章 「健康」がアブナイ

第1章

「変わり者」を生きる勇気

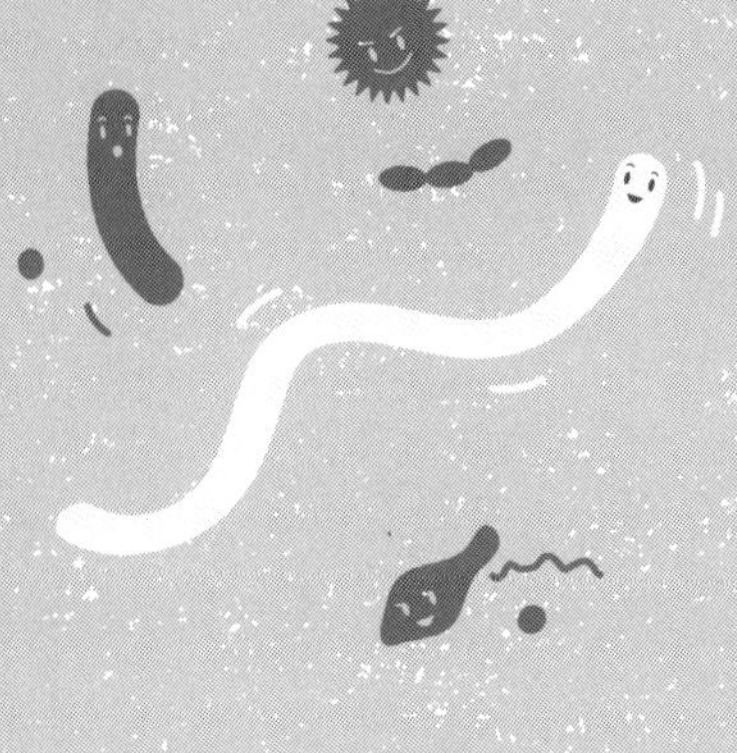

真の「安定」とは変化し続ける時の流れにある

70代後半まで、私は毎年のように海外に出かけ、医療調査をくり返していました。いろいろな国をめぐりましたが、行先はだんだんと発展途上国に絞られていきました。

それは、私の専門が、寄生虫学や熱帯医学、感染免疫学だからです。

簡単にいえば、寄生虫や細菌、ウイルスなどの微生物が人にどのように感染し、健康に影響するのかを研究すること。そのため、清潔信仰に侵された先進国より、めずらしい寄生虫や細菌がウヨウヨいる発展途上国のほうが、私にはおもしろく、好奇心をおおいに刺激されるのです。

アジア、アフリカ、中南米をはじめ、70か国近い国々を訪ねました。

そうした旅の目的の一つは、できるだけ多くの人たちの、できるだけ多くの「ウンコ」を集めること。発展途上国の国々で集めたウンコには、日本では絶対にお目にかかれないさまざまな種類の寄生虫の卵や原虫(アメーバなど単細胞の病原虫)などがたくさん含まれています。

日本人は、世界でいちばん清潔好きで、潔癖症な民族だと、世界中をめぐった結果、私は確信しました。でも、日本人だってインドネシアに住んでいれば、7人に1人は回虫に感染します。ベンチュウやコウチュウ、赤痢アメーバやランベルモウチュウという寄生虫の卵や原虫も、日本人のウンコから見つかっています。

医学部で教鞭をとっていたときにはとくに、「日本でお目にかかれなくなったそれらの〝お宝〟たちの生々しい姿を、医学部の学生たちに見せなければならない。それが教育者としての私の使命だ！」なんて思いに燃え、せっせとウンコ集めに精を出していました。

私の使命感は、自分でいうのもなんですが、とても強く、情熱的です。1度に500種類以上のウンコを持ち帰ることもありました。

それらは私にとって、まさに宝物。カバンにつめて大事そうに抱えていると、「あやしい、何が入っているんだ」と税関でたびたび止められました。

あるとき、インドネシアからの帰国の際、現地の税関で呼び止められました。

「おじさん、その荷物あやしい。開けてください」

例のウンコばかりまとめたカバンを指しています。たくさんの荷物の中で、私がそればかり大切そうに抱えていたので、あやしまれたようです。

私は彼に、「すべてウンコだ」と何度説明しても、信用しません。とうとう私からカバンを奪いとり、きちんと整理していたウンコの容器のフタを開けてしまいました。

「ギャーッ！」

ものすごい声が空港ロビーにこだましました。彼の手がすべって、あの黄色い独特の香りのする物体をかぶってしまったのです。私はただちに数人の空港職員にとり囲まれてしまったのでした。

そんなことばかりしていたので、私のもとには弟子が一人も残りませんでした。

私は若いころから医学部の教育職に就き、それなりの数の大学院生を指導し、医学博士号を与えてきました。ところが、

「ボスがウンコを研究するなら、私は研究をやめる」

と、博士号をとったとたん、どこかの病院にいってしまうのです。しかたなく、一人で世界の人々のウンコを集める旅を続けました。

たしかに、私の研究人生は、医学界においては異端だったことでしょう。弟子たちがみんな逃げ出してしまったように、寄生虫や細菌やウンコの研究などしても「食べていけるわけない」と思うのも当然です。

正直なところ、最初は自分でもそう思っていました。「寄生虫を研究しています」といっ

ただけで、３件ものお見合いを一度も会うことなく断られてもいます。母にも猛反対されました。ともに医者を目指していた従弟たちにも、「コーちゃん、よく考えなよ。医者がいちばん不足しているとき、苦労して医者になって、なんで今さら寄生虫学なの？」と抗議されました。そんなときには「誰もやらない学問をすることが、大切なんだ。将来、僕を必要とする時代が日本の医学界に必ずやってくる」と、大見栄を切ったものです。

しかし今、思い返してみれば、母の反対を押し切ったことも、従弟たちに大見栄を切ったことも、間違いではなかったと思えます。80年間生きてわかったことは、人生に安定などない、ということです。イスラム教の教えには「流れるもの、みな清い」とあります。時間も流れていくもので、その時々が美しく、ひとときとして同じ時間はないのです。

私自身、浮き沈みの大きい不安定な人生を歩んできました。それでも、不安定な人生に不安を感じなかったのは、「真の安定」とは、水の流れのように「変化し続けること」と理解してきたからかもしれません。

現に私は、日本中から嫌われる寄生虫や細菌などの研究を50年以上も続けて今、こうして生涯現役を貫いています。むしろどんどん幸せになっています。

それは、変化を恐れず、好きなこと、やりたいと感じることを、自分の心にしたがって今この瞬間にやるという選択をしてきたからだとも思うのです。

人も寄生虫も、どこかで誰かの役に立っている

私が大好きな言葉に「山川草木国土悉皆成仏」があります。「この世に生きるものは、すべて意味がある」とする自然観を表した言葉です。

人もこの世に生きるものならば、虫もこの世に生を受けた生物。人も虫も、どこかで誰かの、何かの役に立っています。

寄生虫は、みなさんにとって気持ちが悪いばかりの存在でしょう。なまじ人に寄りかかる生活を覚えたばかりに、やれ独立精神を忘れた生き物とか、怠け者とか、病気をおこす張本人とか、嫌われ者になり下がってしまっています。

しかし、人間を宿主とするような、ライフサイクルの基本を人間に置いているような寄生虫、つまり人間に昔から寄生してきた虫は、人間を守ります。

それは、両者の間に「寄生虫ちゃん、僕のおなかにすんでいいよ」「ありがとう。お礼にワタシがウ～ンと健康にしてあげるわね」という一種の契約のようなものが成立してい

るからです。

とくに、回虫などのアレルギーを抑える働きはピカイチです。

私はもう何十年も前から、寄生虫によるアレルギー抑制説を訴えてきました。

昔の日本人にアレルギー性疾患に悩む人はいませんでした。

日本初のスギ花粉症の患者さんが現れたのは1960年代。ここを皮切りにアレルギー患者が急増していきます。

それとは反対に、回虫の感染率は急激に下がっていきました。

古来、日本人はみんなおなかで回虫を飼ってきました。ところが戦後、「回虫がいる日本人は不潔だ」と進駐軍に不快感をあらわにされ、駆虫を懸命に行ってしまったからです。

1950年代はまだ日本人の回虫感染率は60パーセントを超していましたが、1960年代にはゼロに限りなく近づきます。それに反比例して、アレルギー患者が激増していくのです。

一方、私が毎年のように医療調査に訪れていたインドネシアのカリマンタン島の住民は、今もほぼ100パーセントが回虫に感染しています。ここの子どもたちは、みんな肌はつやつやして、アトピー性皮膚炎になる子はいません。気管支ぜんそくで苦しむ子どもも、花粉症にかかってクシャン、クシャンとやっている子どももいません。

ここに疑問をもった私は、寝る間もおしんで研究を行い、寄生虫の分泌排泄液にアレルギーを抑える作用があることを発見したのです。

現代医学の常識では、「アレルギー性疾患を治せる薬はつくれない」とされています。そんな常識を覆してみたかったのです。新薬を開発できたら、アレルギー性疾患に苦しむすべての人を救えます。「ノーベル賞も夢じゃない！」なんて夢も見ました。

完成した薬は、驚異的な効果をみせました。ひどいアトピー性皮膚炎を起こしたネズミにその薬を注射したところ、たった一回ですっかり治りました。

ところが、大変な副作用が判明しました。アトピーは一発で治るのですが、これを薬として使うと、ウイルス感染やがんを起こしやすい体質になってしまうのです。

回虫など昔から人を宿主としてきた寄生虫は、人の腸に棲むことで、人の免疫バランスを保ちながら、アレルギーを抑えるという、見事な働きをやってのけていたのです。しかし、アレルギー抑制の作用だけをとり出して薬にして体内に入れると、今度は免疫バランスが大きく崩れ、ウイルス感染やがんを引き起こしてしまうとわかりました。

アレルギー性疾患も感染症もがんも、すべては免疫バランスにかかわる病気で、複雑な機序のもとに発症します。そうした免疫バランスにかかわる病気は、一つの薬で一つの症状を治そうとする西洋医学的アプローチでは解決できない。私はそのことを思い知らされました。それとともに、ノーベル賞受賞も夢と消えたのでした。

でも、私はめげませんでした。

寄生虫によるアレルギー抑制説を証明するため、15年にわたって5代のサナダムシをおなかで飼い続けたのです。初代から紹介しましょう。サトミちゃん、ヒロミちゃん、キヨミちゃん、ナオミちゃん、マサミちゃんです。

ただ、サナダムシを飼うだけでは、寄生虫がアレルギーを抑える証明にはなりません。「アレルギーを発症し、改善した」という事実が必要です。

そこで、まだ寒い春先に日光へ出かけ、ビニール袋いっぱいにスギ花粉を集めて帰りました。そして、スギ花粉症になるまで、毎日吸い続けました。そうやって見事にスギ花粉症を発症したのです。

相当に重度の状態です。鼻はズルズル、涙はボロボロ。夜も眠れません。「研究の成果を証明するため」とはいえ、過酷な日々でした。

すべての目的は、寄生虫がアレルギーを抑制することを証明すること。ですから、薬も飲めません。おなかの子たちにがんばってもらったのです。

症状がすっかり消えるまで7～8年かかりましたが、見事、スギ花粉症は起こらなくなりました。

寄生虫との関係を一方的に断ち切って、困っているのは人間のほう

「いきなり、寄生虫の話をされてもな」

あなたがそう思ったなら、それは大間違い。日本人の多くは自分と寄生虫は無縁と思っていますが、寄生虫ほど身近な存在はありません。

たとえば、日本人の顔には100パーセント、顔ダニがいます。これも寄生虫です。「気持ちが悪い！」なんて嫌な顔をしてはいけません。顔ダニがいなければ、私たちの顔はヌルヌル、ベタベタになり、始末に負えなくなります。彼らが顔に分泌されたよぶんな脂肪を食べてくれているのです。私たちにとって必要な生き物です。

顔ダニは毛穴の奥の毛根を包む「毛嚢《もうのう》(毛包)」の中に、ふつう、2匹とか3匹ほどすんでいます。顔全体に毛嚢は100万個ぐらいあるので、1人当たり200万~300万匹の顔ダニがいることになるでしょう。顔ダニのかわいいところは、クニャクニャと動いて、前にしか進めないところ。そのため、ふつうは毛嚢の中でじっとしていて、皮脂をエサに

成長し、卵を産んで死んでいきます。

この大切な住人を「ニキビダニ」と不名誉な名前で呼ぶ人たちがいます。

顔の皮脂が増えすぎると、顔ダニはそれをエサに数をどんどん増やします。こうなると毛穴がつまり、ニキビを増やす一因になってしまうのです。

つまり、問題なのは顔ダニではなくて、顔の皮脂が増えすぎていること。ニキビは若さの象徴ともいわれ、私などはもう何十年もニキビができておらず、ニキビが恋しいくらいですが、ニキビの原因は過剰に増えた皮脂にあります。それならば、ニキビの予防は、こまめに洗顔し、油っぽいものを控え、よい大便が出るよう食生活を整え、睡眠をきちんととることがいちばんです。

ところが、ときどき、顔ダニを商売に利用しようとする人たちが現れます。「あなたの顔には、こんな気味の悪いダニがいるのですよ。寝ている間にこのダニが顔の表面に出てきて、皮膚を荒らします。この化粧品は顔のニキビダニを殺して、皮膚をきれいに保ちます」と脅すのです。こんな宣伝を見たら身構えなくてはいけません。あなたの顔を守ってくれている顔ダニを守れるのは、あなただけなのです。

他にも、人間につく寄生虫は100〜200くらいはいます。そして、次から次へと新しいものが現れます。

たとえば、コンタクトレンズを使うようになって、これまでは土や池の中にいたアカントアメーバという虫が寄生してくるようになりました。人がコンタクトレンズをつけるようになり、彼らにとって人の目が心地よい環境になったからです。うるおいがあり、たんぱく質などの汚れもついていて、それがアメーバの格好のエサになるのです。このように、文明の進化にともなって現れた寄生虫もいます。

また、一度は日本から消えてしまったように見えた寄生虫が、再び現れるケースもあります。その一つが回虫です。近年になってこの虫に感染する人がときどきみられるようになりました。無農薬野菜や有機野菜がもてはやされるようになっているからです。それらの野菜には、農薬の心配はなくても、寄生虫感染の心配はあります。

過去には輸入されたキムチに回虫の卵がついていて大騒ぎになったこともありますし、流行地からの輸入野菜を生で食べることとの危険性も問われています。また、発展途上国に行って感染するケースも起こっています。

回虫はもともと日本人との共生がうまくいっていた寄生虫です。しかし、共生関係をいったん絶ってしまった相手とは、再び平和的関係を結ぶのはなかなか難しいのです。

以前、3歳の男児が原因不明の発熱と激しい腹痛で医療機関に運ばれたケースがあります。担当医は、食あたりを疑って抗生物質や痛み止めを処方したものの、いっこうに改善されませんでした。そうこうしているうちに、口から回虫を吐いたのです。開腹手術を行うと、実に90匹もの回虫が腸に詰まっていたと報告されています。

この子のお母さんは、農薬を心配して、わが子に有機野菜を与えていたのですが、「ビタミンCや酵素は加熱すると壊れる」といって、生のまま食べさせていたのです。

回虫も、腸にいるのが2~3匹程度ならば、人に害を与えることはほぼありません。しかし、一度に多数が入り込むと、回虫がかたまりになってもつれ、腸閉塞を起こしたり、小腸から追われた回虫が胆管や膵管《すいかん》、虫垂などの小さな穴に突っ込んだりします。こうなると激しい腹痛を起こし、開腹手術が必要になります。

さらに、近年のペットブームにより犬や猫の寄生虫に感染する人、海外旅行に出かけて寄生虫に感染する人もめずらしくなくなっています。日本ではまったく知られていないさまざまな寄生虫病が国内に持ち込まれることもあります。

このように、寄生虫は今も昔も私たちのすぐそばにいる身近な存在です。

さらに世界に目を向ければ、地球の総人口のおよそ半数が、なんらかの寄生虫を保有し、3分の1が寄生虫病に悩まされている、と推計されています。とくに世界の人口の4分の3を占める途上国は、主に熱帯地域にあり、特有の高温多湿な気象条件と、貧困な生活環境とが加わり、寄生虫に感染する人がますます増え続けているのが現状なのです。

「ボットン便所」と「オツリ」と「肥溜め」と

人の健康によい働きをする寄生虫も、「程度」が大事です。回虫にしても顔ダニにしても、少数であれば「よい寄生虫」になります。しかし、友好関係の結び方を知らずに多数を育ててしまうと、一転して「大変な寄生虫」になります。

私ももちろん、回虫症にかかったことがあります。小学生のころに何度もかかりました。でも、苦しんだ覚えはまるでありません。

私が回虫症にかかっていたころは、日本に農薬も化学肥料もなく、「人糞尿」がもっぱらの肥料でした。そのため、回虫、コウチュウ、ベンチュウなどという、土が感染の場となる寄生虫病が日本国民にまん延していました。

私は、子ども時代を三重県の明星村（現多気郡明和町）という自然豊かな地で過ごしました。そこには国立結核療養所があり、医者であった父は所長をしていました。戦後まもない時代、食糧不足はいかんともしがたく、療養所の敷地のあいた土地で畑をつくり、キュウリやキャベツ、サツマイモ、カボチャなどを育てていました。その野菜たちには、私たち家族の糞尿が肥料として与えられていました。

今の人は見たこともないかもしれませんが、昔のトイレは「汲《く》み取り式」です。和式トイレの下は穴になっていて、糞尿をするとそこに落ちて溜まり、水洗トイレのようにジャーッとは流れません。だから、「ボットン便所」ともいわれていました。

ボットン便所とはいっても、実際にウンコは「ポッチャン」と落ちます。体調がよく、太いウンコをしたときは、「ドボンッ」という水音がして、臭い、汚い水滴がお尻に跳ね返ってきます。子どもたちはこれを「オツリ」と呼んでいました。「オツリ」をもらわないようにするのが、毎日の日課でもありました。

何よりも面倒だったのは、ボットン便所は月2回ほど、糞尿を自分たちで汲みとらなければいけないことです。それを肥桶に入れ、天秤棒で運んで、肥料にします。このように人糞尿を肥料にすることを「下肥《しもごえ》」といいます。

わが家では、便所が汚物でいっぱいになると、母が決まってこう叫びました。

「コーちゃん！　おいしいイモをふかしてやるから、その前に肥桶をかついでよ！」

便所から「下肥」をくみ出す仕事は、なぜか私と弟の仕事とされていました。

母が一度いい出すと、とにかくしつこいのです。私と弟が肥桶をかつぐまで何度も「イモ！」「イモ！」と連発しました。

母があまりに「イモ」を連発するので、私は級友に「明星のイモ」とあだ名をつけられてしまいました。私だけかと思ったら、3歳年下の弟も「イモ」、歳の離れた妹は少し太っていたので、「ふくれイモ」と呼ばれていました。

肥桶をかつぐときに困ったのは、臭いの強さに増して、私の背が弟よりずいぶん高かったことです。肥桶は2人の間に置いて、同時に天秤棒でかつぎ上げるのですが、バランスがくずれると、肥桶は弟のほうへすべっていってしまいます。

弟は重荷に耐えきれず、肥桶ごと倒れることがよくありました。ウンコまみれになった弟は、ものすごい目で私をにらみつけ、「何がなくても背がほしい」と怒り狂いました。

今にしてみれば懐かしい思い出ですが、当時の人たちは下肥で育てた野菜を毎日食べていても、ほどほどの数しか回虫に感染せず、上手に共生していました。

回虫に感染している人がするウンコには、回虫の卵が決まって見つかります。メス1匹あたり1日に20万個の卵を産みます。したがって、1匹でもおなかにいれば、ウンコには相当な数の卵が見つかるのです。

ただし、産まれたての卵を飲み込んでも感染しません。新鮮なウンコにいる回虫の卵は未発達だからです。成熟卵になるには土に1週間以上放置される必要があります。

そこで、便所からくみとったウンコは畑に掘られた「肥溜め《こえだ》」にいったん入れておく、というシステムがありました。肥溜めのなかでウンコを発酵させ、そのときに出る熱で回虫の卵をある程度殺していたのです。

また、当時の日本人は野菜を生のまま食べる、ということをしませんでした。回虫の卵がくっついていることを知っていたからです。食べたとしても漬物くらい。あとは、ゆでたり煮たり焼いたりして火を通し、回虫の卵を殺してから口に入れていました。寄生虫やその卵は、加熱をすれば死滅する、ということを昔の日本人は知っていたのです。

このように、肥溜めと加熱という方法を用いて、日本人は回虫とほどよい距離感を保ちながら上手につきあってきたのでした。

しかし、日本経済が発展し、社会も安定してくると、化学肥料や農薬による、寄生虫感染の心配がない野菜があっという間に広がりました。当時は、化学肥料や農薬で育てた野菜が「清浄野菜」ともてはやされて、サラダなど生のまま食べることも多くなりました。

今では清浄野菜が一般的です。清浄野菜の広がりとともに、日本人は寄生虫の存在を忘れ去りました。ところが、化学肥料や農薬が人体や自然環境に与える影響が問題になってくると、今度は、堆肥などを使った有機農法がもてはやされるようになりました。それとともに、再び寄生虫感染を起こす人が現れるようになってきているのです。

「熱い国」に出かけたら2週間は発熱に気をつけて

寄生虫の存在を忘れているのは、医者も同じです。

私が人生をかけて研究してきた寄生虫学に、教え子が誰も進まなかったのはさびしいことですが、問題はそんな悠長な話ではありません。今、日本の大学の医学部で、寄生虫学を講義したり研究したりする教室が消えていっています。

「これからの医学を背負ってゆく医学生にとって、この学問は必要か？」

との寄生虫学講座の存続についての議論は、

「もう日本に寄生虫はほとんどいなくなったのだから、もっと今日的な学問に変えたらどうか」

という、きわめて単純な発想で、「必要ない」という結末を迎えてしまうのです。

たしかに、日本の衛生環境は、世界で最高レベルです。それによって、寄生虫は一時的に日本から消滅していきました。

ところが、最近の日本は生活環境の急激な変化によって、回虫をはじめ新顔の寄生虫が次々と現れてきています。一般の医師が楽観しているほど、寄生虫病が日本にないわけではありません。むしろ、大変な勢いで増加を始めている一面があります。

その大きな背景の一つには、日本の国際化があります。日本の医者が治療法を知らない寄生虫病が国内に持ち込まれている、という現実があるのです。

とくに怖い寄生虫病の一つにマラリアがあります。ほら今、「自分には関係ない」と思ったでしょう。しかし、「いずれアジアやアフリカ、オセアニアを旅したいな」と考えている人は、マラリアについて知っておかなければいけません。

マラリア感染のポイントは、感染してすぐには発症せず、2週間もたってから発熱することが多い点です。帰国して2週間も過ぎていると、海外で感染した可能性はなかなか頭に浮かんできませんね。これが盲点になるのです。

もう一つの盲点は、インフルエンザと誤診されやすいことです。

マラリアには熱帯熱、三日熱、四日熱、卵形という4種類があります。このうち、死亡率がとくに高いのが熱帯熱マラリアです。ところが、熱帯熱マラリアは発熱がそれほど激しくなく、発熱のパターンに特徴がないのです。そのため、インフルエンザと間違われやすくなります。しかし、発熱後5日以内に適切な治療が行われないと、死亡する可能性が高まります。

アフリカでマラリアにかかった人の52パーセントが、死につながる熱帯熱マラリア患者です。アジアやオセアニアの場合は25パーセントが熱帯熱マラリアです。

一方、三日熱マラリアでは死亡することがほぼありません。ところが、臨床症状を見ていると、三日熱のほうが熱帯熱に比べてはるかに激しくなります。

具体的には、1日おきに発熱が起こります。つまり、48時間の間隔をおいて、いきなり40度を超える発熱が生じ、激しい「ふるえ」がやってきます。布団を10枚重ねて、その上から誰かが押さえてみても、「ふるえ」は止まりません。三日熱マラリアは「三日で熱はとまる」という人がいますが、それは間違いで、治療をしないと長引くことがあります。

マラリアは熱帯・亜熱帯に住む人々を今も襲い続けています。年間に約2億2000万人が感染し、45万人近くの死亡者を出していると推計されています。

コロナ禍の今は海外にもなかなか行けませんが、以前は海外で感染し、死亡する日本人も少なくありませんでした。私の知人でも、過去に10人以上の方が亡くなっています。

その一人に山口大学の植物学の教授がいました。アフリカのマリ共和国に植物の採集に出かけ、無事に日本に帰国しました。帰国後10日目に発熱があったので、山口市の大きな病院に入院しました。教授は、担当の若い医師に「マラリアの可能性があるので、よく調べてほしい」と頼みました。医師が検査をすると「どうもマラリアらしい」といいました。教授は「マラリアだったら、熱帯熱かどうか調べてほしい」と再び頼みました。検査をすると「どうも、熱帯熱らしい」という結果でした。

教授は慌てて、「それじゃあ5日以内にちゃんと僕を治療しないと、僕は死んでしまうよ」といって、実際に亡くなってしまったのです。連休が続き、若い医師はマラリアの薬を誰が持っているかわからず、日を過ごしてしまったのでした。熱帯熱マラリアの緊急性を知らなかったのかもしれません。教授はちゃんとした治療を受けられないまま、意識を失い、死んでしまいました。まだ44歳の若い教授でした。

21世紀に入って、医学はどんどん進歩していると、みなさんは思っているでしょう。でも、マラリアに対してはまったくお手上げの状態です。したがって、マラリアの予防法としては次のような原始的な方法しか残されていません。とにかく、マラリア媒介蚊であるハマダラカに刺されないようにすること。アフリカやアジア、オセアニアに出かけるときは、肌の露出を避けること。とくに、ハマダラカは夕方から夜にかけて吸血活動を始めるので、その時間はなるべく外に出ないことです。寝るときには、カヤの中で静かに過ごすのが安全です。「熱い国」に行けば、自ずと開放的な気持ちになりますが、開放的な服装や行動は感染リスクと隣りあわせ、となることを覚えておいてくださいね。

大昔から人と共生関係にある寄生虫や細菌は、コワくない

日本は、「キレイ社会」を推し進めています。

寄生虫もウイルスも細菌も、みんな「悪者」として排除してしまいます。たしかに、マラリアや新型コロナウイルスのように人の体をむしばむ微生物もいます。一方で、私たちの体を守ってくれる微生物も多いのです。

その一つが回虫でしょう。日本人は回虫と共生することで、免疫を高めてアレルギー性疾患やがんなどの病気を防いできました。「ヒト＋回虫」で「人」だったのです。ところが、「気持ちの悪い回虫なんていらない」と、みんな追い出しました。「自分」だけで生きていけると勘違いしてしまったのですね。

回虫を追い出してしまった今、大切に守らなければいけないのが、腸や皮膚に棲む常在菌です。常在菌にも、私たちの免疫力をバランスよく高める働きがあるためです。人の体に共生的に棲んでいる細菌は、みんな私たちを守ってくれています。「人＋腸や皮膚など

に棲む常在菌＝あなた」です。このことをどうか忘れないでください。

人と人がそうであるように、人と寄生虫、細菌も実は目に見えないところでお互いに持ちつ持たれつの関係性を保ち、その中で命も健康も成り立たせています。

それなのに、「目に見えないバイキンが怖い。寄生虫は気持ちが悪い」と妄想を膨らませて、身の回りにシャーシャーッと除菌スプレーなどを吹きかければ、大事な共生菌も一緒に殺してしまうことになります。

そもそも、現代の日本人の行き過ぎた清潔志向は、どこから来ているか、お気づきですか。後天的に学習した恐怖から生み出されています。恐怖は、人を動かすもっとも強力な方法です。メーカーは、「バイキンは怖い」というイメージをコマーシャルなどにして必要以上に私たちに見せつけ、商品のマーケティングに実に見事に利用しています。「清潔」や「匂い」に「恐怖」「不快」「不安」を結びつけると、莫大な富が生まれます。その一方で、私たちは心身の健康増進に欠かせない共生菌を失うことになるのです。

では、どうすれば、「バイキンは怖い、キタナイ、不快だ」との思いをとり除くことができるでしょうか。

恐怖を起こさせているしくみを知り、「どうして恐怖を感じたのか」と客観的な判断をその都度していくことです。自分が感じる恐れや不安が、「本当に恐れるべき恐怖」からきているのか、「恐れることのない、他者がつくった恐怖」からきているのか、これを見分けられるようになれば、よけいな不安は減らせます。

私が5代にもわたってサナダムシを腸の中で飼って、それを公表してきたのも、「大昔から人と共生関係にあった寄生虫は怖くない。むしろ、人の健康によいことをしてくれる」ということを、実感を持って広く伝えたかったからです。

ではなぜ、私はおなかで飼う相手に回虫ではなく、サナダムシを選んだのでしょうか。現代の日本では、回虫の成熟卵を探し出すのが困難だったことが一つ。もう一つは、「日本海裂頭条虫」という種類のサナダムシは、回虫よりさらにおとなしく、体に入れても悪さをしないとわかっていたからです。

何よりも私は、サナダムシの虫体が好きなのですね。サナダムシは美しい。かわいいとさえ思います。私は、自分の肛門から出てきたキヨミちゃんを標本にして大切に飾っています。今、世の中は問題が多く、私の人生にも問題は山積みですが、キヨミちゃんを見つめていると、しばしストレスを忘れられるのです。

とはいえ、それを実際におなかで飼うというのは、なかなかに大変なものでした。

人の腸は約9メートル。一方のサナダムシは、すぐに十数メートルに育ちます。だから、ちょっとした拍子で肛門から出てきてしまうのです。

トイレで「なんだろう」と引っ張ると、1メートルぐらいすぐ出てしまう。ニョロリときしめんのような物体が出てくるので、知らずに感染した人の中には、「腸が出てきた！」と驚いて気絶してしまう人もいます。

でも、私はそのことをよく知っているので、「大変だ、愛しいこの子をおなかに帰さなくては！」と、パンツを履かずに立ち尽くしたまま、サナダムシが肛門の中に戻っていくのをひたすら待ちました。

自宅のトイレならまだしも、外出先でこれが起こると、大変です。大学のトイレで出てきたときは助手を呼び出し、トイレの入り口に「故障中」と貼り紙をしてもらって、18時間も、本を3冊読みながらがんばったこともありました。

本当に困ったのは、コンビニエンスストアのトイレで出てきてしまったときです。

数十分ほどねばったのですが、お店の人がドアをドンドン叩いてくる。こちらも説明できなくて、「ちょっと待ってください」というのがせいいっぱい。ついに警察を呼ばれてしまいました。あのときは、お尻から出ている部分を泣く泣く親指の爪で切りました。

サナダムシのすばらしいところは、切ってもミミズのようにまた成長することです。警察には、切ったサナダムシを「証拠物件です」と差し出したら、「もう結構」とすんなり許してくれましたよ。

「優しい性格」になりたいなら自分より弱きものと暮らしなさい

サナダムシの寿命は2年半。彼女たちがいつ死んでいったのか、飼い主の私にもわからないことがありました。死んでしまうとウンコと一緒に静かに出ていってしまうのです。それでも、「あぁ、いなくなってしまったんだなあ」ということはわかります。サヨナラのいえない別れほど、寂しいものはありませんね。

私がサナダムシを飼っていたころ、「サナダムシの卵をください」と日本全国のたくさんの人から連絡が殺到しました。とくに宣伝したわけでもないのに、いつのまにか「なんだかすごいらしい」と口コミで伝わったようです。

卵をあげるのは、簡単です。サナダムシは卵を毎日100万個以上、最盛期には1日に200万個も産みます。私のウンコを洗えばたくさんの卵が出てきました。でも、その卵を飲み込んでも、残念ながらサナダムシの子どもは誕生しないのです。

日本海裂頭条虫というサナダムシを人間が感染するサイクルにのせるには、ミジンコの力を借りる必要があります。感染者が川にウンコをすると、サナダムシの卵が孵化し、それをミジンコが食べてその体内で幼虫に発育します。そのミジンコをサケなどの魚が食べて、感染型の幼虫になったころ、人がサケなどを生のまま食べることで、私たちはサナダムシをおなかに入れられるのです。

こうしてみると、現代の日本でサナダムシに感染するのは困難とわかります。川でウンコをする人がまずいませんし、そのウンコにもサナダムシの卵がいないからです。

ただ、1990年代の石狩川のサケにはまだ、サナダムシの感染幼虫がいました。私は石狩川から生のサケを1000匹近くも送ってもらい、大学院生たちの協力を得て、サケの身からサナダムシの感染幼虫を探しました。

「サナダムシがほしい」という人たちの願いを叶えたかったからです。なぜなら、一人一人の願いを聞いていくと、それぞれに大きくて切実な悩みを抱えているとわかりました。ただ、万が一にも感染幼虫を飲み込んだ人が健康を害するようなことがあってはなりません。そこで、私だけでなく、他の人でも立証する必要がありました。

当時、私が受けもっていた大学院生は15人。全員がサナダムシの感染幼虫を飲んでくれました。私をとりまく悪友たちも実験に協力してくれました。なかには感染が成立しない人もいましたが、感染した人はいずれもどこに虫がいるのかわからないといい、障害はまったく起こりませんでした。

私の研究室には、サナダムシを真剣に求めて大勢がやってきていました。私は石狩川のサケから感染幼虫を見つけると、カプセルに入れてその人たちに飲ませました。

すると、ひどいアトピーだった若者たちの多くが、症状を軽減させました。

うつ病など心の病にも効果を発揮しました。家に引きこもり、3度の自殺未遂をくり返した少女にもカプセルを飲ませたこともあります。

「サナダムシに名前をつけてあげよう。今日からあなたは一人の身ではなくなった。勝手に死んではいけないよ」

というと、神妙な顔でうなずきました。彼女はだんだん生きる力を高めていきました。自殺を考えることもなくなり、勉強を熱心にし、希望の大学への入学も果たしました。

私の研究室で知りあった若い男女が、サナダムシとともに愛を育み、結婚したこともあります。

ただ、痩身を期待していた人には、思うような効果を出せませんでした。

有名なソプラノ歌手マリア・カラスが、サナダムシを飲んで6か月間で50キロも体重を減らしたのは事実です。マリア・カラスが飲んだのは、西洋産のサナダムシでした。あちらは人間とまだ十分な共生関係ができておらず、貧血や食欲不振を起こします。つまり、不健康な状態を引き起こして、ダイエット効果を発揮します。

一方、日本産のサナダムシは、上手に人間と共生します。感染してもどこにいるかわからず、健康を害することもありません。私もいちばん痩せたときで3、4キロでした。

むしろ、日本産のサナダムシがいると、がまんできないほどおなかが空きます。サナダムシは1日に20センチも伸び、成長のために腸の中の食べ物を横どりします。だから、どうしても食事の量が増え、間食するようになります。そこを耐えて、食事の量を制限し、間食を絶対にとらないようにしないと痩せないのです。

でも、ダイエット目的でサナダムシを飲んだ人たちから、「痩せないじゃないか！」と怒られることはありませんでした。反対に「サナダムシがおなかにいると、優しい気持ちになれるの」と喜ばれました。これは私自身も感じていたことでした。

「瞬間湯沸かし器」を自称するほどカッとなりやすい私でしたが、サナダムシを飼っているときは、人に優しくなれたのです。自分自身も大切にできました。「虫の好かない」人と話しあったり、一緒に食事をしたりするなど、自分の心を疲れさせることもなくなりました。無理して顔をつきあわせていると「虫のいどころが悪く」なり、「虫ずが走る」からです。そうやって自分より弱くて愛おしいものを思いやっていると、心穏やかに暮らせるよう、自然と自分を変えられるものだな、と実感したのでした。

いうべきことは胸を張っていい、嫌なことはウソをついてでも断る

サナダムシの感染幼虫をカプセルに入れて、アレルギー性疾患や心の病で苦しんでいる人たちに飲ませる、という治療は、こっそり行っているつもりでした。私が教授をしていた東京医科歯科大学は国立大学で、そのような治療が許されないと知っていましたし、公になれば大問題になるとわかっていたからです。

ところが、こうしたことはあっという間に知れわたってしまうものですね。学長に呼び出されて、「君、サナダムシは食べものかい？　それとも薬かい？」と聞かれました。「いえ、どちらでもありません」と答えると、「ならば、藤田を食品衛生法違反と薬事法（現薬機法）違反で、逮捕してもらう」と脅されたのです。

また、医学部では倫理委員会が開かれ、被告台に立たされました。私が行っていたサナダムシによる治療が、医学部の教授としての「品格」を欠いたということでした。

人の健康を助けたい一心で、医師として真剣に研究を行ってきました。結果、寄生虫を

使う治療法が、アレルギー性疾患や心の病気を改善する効果があると確認し、自らの体を使って人体実験を行いました。安全性にも細心の注意を払いました。そうした治療がなぜ、医学部内で非難され、排除されようとするのか、ましてや「品格がない」とさげすまれなければならないのか、私にはまるでわかりませんでした。

だからこそ、私は胸を張って発言しました。

「私の行動が品格を欠いているというなら、私は医学部教授としてもっと品格を欠いた人が、この大学にいっぱいいることを知っています。教授室でろくに研究もせず、秘書とヒショヒショ話をして、ヒショかな行為ばかりしている教授もいっぱいいます。私が品格を欠いたというなら、それらの教授の名前を公表し、私と彼らとどちらが品格を欠いているのか、大学の全職員からの判断を仰いでから処分してください」

医学部長も倫理委員長も下を向いたまま何も答えませんでした。私は「無罪」となり、放免されました。でも、医学部在職中、例外的に給与の号俸が上がらず、ずっと据え置きのままとされました。

その後もあいかわらず「変人」「変わり者」と、医学部内ではいわれ続けました。

でも、時間がたつごとに、風向きとは変わっていくものです。

私は東京医科歯科大学の医学部教授を18年間勤めました。就任から14～15年がたつと、教授として大学の古株になっていました。

だからといって、医学部長になろうという野心はありませんでした。万が一にもなってしまえば、思い切った研究も海外でのフィールド調査もできなくなります。

ところが、他の教授から「医学部長になってほしい」という声がけっこう上がってきました。これには、「一匹狼」を貫いているつもりになっていた私も驚きました。

あるとき、私が医学部長に選ばれそうな雰囲気をなんとなく感じました。そのときには、安い焼酎をいっぱい買ってきて、教授たちにそれを配りながら、「どうかお願いだから、私に票を入れないでください」と頼んで回りました。

内科には、大変人望のあるNさんという教授がいました。ところが、内科の教授たちはなぜか彼を嫌い、診療にも研究にも十分な力を発揮できていませんでした。私は、N教授をとても尊敬していたので、「ぜひ病院長になってもらいたい」と願っていて、焼酎を持って教授たちにごあいさつに回ったことがありました。

これが功を奏したかどうかはわかりませんが、N教授は病院長に選ばれました。そのN教授が「ぜひ、医学部長になってくれ。君が首を縦にふるまで、俺は何日だってこの教授室にいすわる」といってきたときには困り果てました。断る正当な理由が思いつきません。

そこで、苦しまぎれにこういいました。

「内緒にしてほしいのだけどね……。インドネシアという国は重婚が許されているのを知っていますか？　実は、僕には向こうに現地妻と子どもがたくさんいる。これが日本のマスコミにでもバレたら、大学に大変な迷惑がかかってしまいます」

なかなかいいウソだと思いました。ところが、彼は私の教授室から帰ろうとしません。

「本当をいうと、イラクにもカタールにも妻がいてね。今も僕が老人病院で土日当直のアルバイトをしているのは仕送りのためなんだ。医学部長になって、お金を運びに行かなくなったら、たくさんの女に殺されてしまうよ」

と、ますます苦しい言い訳を続けました。

「だいたいね、40年以上も毎年インドネシアやイラクやカタールに僕が行くのはおかしいと思わないのかい？　妻たちにお金を持っていくためだよ」

ここまでいうと、N教授はさすがにあきらめ顔で立ち上がり、やっと帰っていきました。ところが翌日、またやって来たのです。次はどんないい訳をしようかと思案していると、

「医学部長はあきらめた。図書館長ならいいでしょう」

といってきました。しかたがないので、この頼みは受け入れました。私が教授になって就いたのは、この図書館長だけ。おかげで、私は研究に熱中し続けることができました。

自分のストレスになることには、ウソをついてでも断る、というのも私の生き方です。

「名誉なんていらない」と強がっても やっぱりうれしいのが「認められる」こと

ここまで読んでくれた方は、私のことを、「サナダムシを5代にわたっておなかで飼い、アレルギー抑制に効くことを自分の体で実験した変わり者」と思ったかもしれません。名誉挽回のために、こんな私でもいくつかの医学賞をもらっていることを、自慢させておいてください。

1980年、発展途上国の医療の発展に貢献したということで、大山健康財団学術賞をもらいました。

同じ年には、長崎県五島列島でのフィラリア研究によって長崎東ライオンズクラブ奨励賞をもらいました。

さらに、寄生虫体内のアレルゲンの発見で、1983年に日本寄生虫病学会小泉賞をもらいました。

また、当時の熊本大学医学部微生物学教授であった日沼頼夫教授の成人T細胞白血病原因ウイルスの発見につながる研究に寄与したことが契機となって、1983年に長崎県医師会医学奨励賞をもらっています。

このとき、ATLウイルスの伝染経路を私が世界ではじめて明らかにしたので、のちにこれが評価され、2000年に日本文化振興会・社会文化功労賞および国際文化栄誉賞をもらいました。

ATLとは、成人T細胞白血病のことで、一種のウイルスが白血球の中のT細胞に感染し、感染したT細胞からがん化した細胞(ATL細胞)がどんどん増殖し、白血病を引き起こします。その感染経路を発見できたのは、私がフィラリアの研究を長く熱心に行ってきた結果でもありました。

好きな研究を続けながら、こうした賞を受けられたのは正直にうれしいものでした。好奇心に導かれて世界各地を歩きまわり、疑問に思ったことを追求していっただけで、人様に評価されるなどとは思っていませんでした。ですから、これらの賞をもらったときはいつも、「本当だろうか? あげる人をまちがっているんじゃないかな」と信じられない気持ちでした。

ただ、それらの受賞は、長崎大学で教授をしていたときのものです。私が中央から離れた場所にいて、世間に私の「変人さ」が知られていなかったからでしょう。

それを証拠に東京に戻ってからは、私の研究はバッシングを受けてばかりで、医学関係の賞とはどんどん縁遠くなっていきました。

それでも、長崎大学時代に受けたこれらの賞のおかげで、私は自分の研究に自信を持ち続けることができました。

「ムシを研究しているのだから、ムシされてもしかたがない」とダジャレで笑い飛ばしたり、「名誉なんて、ほしくない」とうそぶいてみたりしても、「これらの受賞がなければ、マイナーな研究を続けることがはたしてできただろうか」と思うのが本当のところです。

寄生虫によるアレルギー抑制説は、私の研究生活から得られた、独創的で最高の研究成果と自分自身では考えています。しかし長い間、日の目を見ませんでした。それでも研究への情熱を失わずにいられたのは、「私の研究もきちんと認められてきた」と思うことができたから、とも感じるのです。

ただ、それと同じくらい自信をくれたものがあります。

最初の著書となった『笑うカイチュウ』(講談社)です。

医学部は頭のかたい人たちばかりだが、医学部の外には頭のやわらかい人たちがたくさんいる。そうした人たちに訴えれば何か反応があるかもしれない、と思っていたところに、講談社の編集者に強くすすめられて書いた一冊でした。その編集者が私の講演会を聞いてくれて、「先生の研究はおもしろい！　ぜひ本を書いてください」と訪ねてきたのです。最初は「寄生虫の本なんて、誰も読みませんよ」といったのですが、予想に反して大変に売れ、ベストセラーになりました。

『笑うカイチュウ』は、1995年に講談社科学出版賞を受賞しました。もちろん、医学の研究に対する賞ではありません。でも、私のマイナーな研究を、世間の人たちに広く知ってもらえるすばらしい機会となりました。

実際、「カイチュウという寄生虫がアレルギーを抑えるらしい」と知られるようになり、数々のテレビ番組に出演したり、タレントさんと対談したり、朝日新聞や東京スポーツなどにコラムを書いたりする機会も増えました。

そのおかげで、私はさらに強くなりました。いろいろな人から批判やバッシングがあったとしても、それを無視できるくらい多くの人から「先生の研究はおもしろい」「すごい」と評価してもらえるようになったからです。

さらに、紙と鉛筆さえあれば、大勢の人に私の考えを知ってもらえるという、それまでは考えてもいなかった幸運が私の手もとに訪れたのです。この幸運は、80歳を過ぎた今も、私の人生を明るく照らし続けてくれています。

人にすすめられたことでも、そこに使命感を覚えたなら、進むといい

寄生虫や細菌など感染症の研究に熱中してきた私ですが、最初から信念を持って「研究者になろう！」と考えていたのではありません。

東京医科歯科大学に入学したのち、私は柔道部に入部しました。柔道部員は骨接ぎがお手のもので、多くが整形外科医になります。主将だった私も、医学部6年生から整形外科医になるための訓練を受け、卒業後は附属の病院にインターンとして勤務していました。

1966年のインターン生活が終わる間際、熱帯病調査団の団長であった加納六郎教授とトイレで会いました。加納教授は「柔道部員から熱帯病調査団の荷物持ちを2人探してくれ」といいました。でも私には、トイレでいわれたことは忘れてしまうクセがありました。その責任をとって、私自身が調査団に参加するよう教授に命じられました。もう一人立候補したのが、同級生で同じく整形外科医の須川勲君でした。

しぶしぶ同行した奄美群島の加計呂麻《かけろま》島でしたが、ここで私の人生観がすっかり変わり

ました。このころの加計呂麻島の人口は５０００人くらいで、その約３割がフィラリア症におかされていたのです。

フィラリアは、蚊が媒介する、糸状虫類に属する線虫の総称で、人に寄生する代表的な虫の正式名称はバンクロフト糸条虫といいます。今の日本では犬のフィラリア病が有名ですが、犬に感染するのは犬糸状虫で、これが人に感染することはほとんどありません。

人間に感染するフィラリアの親虫は、なぜか人の鼠径《そけい》リンパ節に好んで棲みつきます。フィラリアが成長するにしたがって、患者はリンパ節炎やリンパ管炎を起こし、発熱します。やがて虫はリンパ管をつまらせます。こうなると、リンパ液の流れが一方通行になります。脚や陰嚢にリンパ液は流れていくけれども、戻らなくなるのです。

そうして脚にリンパ液がたまると、脚が象のように太くなって、皮膚も黒くガサガサになります。これを象皮病といいます。一方、陰嚢にリンパ液が溜まると極端に肥大化します。その状態を「陰嚢水腫」と呼びます。「大金玉」になってしまうのです。

このフィラリア病は、昔は日本の風土病でした。１９１２年の陸軍省の調査によると、北海道にはフィラリア病の感染者は認められなかったものの、東北の青森以南の日本各地には、かなりの患者がいたといいます。しかし、１９５０年代になると、南西諸島を含む九州と四国に限られるようになりました。１９６０年には長崎市でも新たな感染者が見られなくなります。一般庶民も蚊帳を使えるようになったこと、下水道が完備されるにつれて、フィラリア病を媒介するアカイエカの発生源が減少していったためとみられます。

ただ、奄美や沖縄などの南西諸島ではいまだ流行し、感染者たちを苦しめていました。加計呂麻島でも、フィラリア症になった人たちは大変でした。脚が太くなっても、農業をしなければ生きていけません。重い脚を引きずっては田畑に出かけていました。畑に出られなくなった婦人は、家にこもり、その重い脚で大島紬を織っていました。

陰嚢水腫になった人は、さらにみじめです。バレーボールくらいに陰嚢が大きくなってもまだ働けました。でも、ちゃぶ台くらいに大きくなると、もうふんどしで隠せません。

感染によって死亡することはほぼないのですが、通常の生活は送れなくなります。何より見た目のインパクトも大きいので強い偏見にさらされ、世間から隔離される人も少なくありませんでした。ちなみに、西郷隆盛の大金玉は有名ですが、西郷は奄美大島に流されたときにフィラリア病に感染したといわれています。陰嚢が大きすぎて馬に乗れず、西南の役で自害したときには死体に首がなくても、すぐに本人だとわかったとされています。大金玉が残されていたからでした。

はじめは、フィラリア病の実態に驚き、恐れ、手伝いに来たことを心の底から悔やみました。しかし、病状が極悪のために虐げられ、伝染病だということで集団生活から隔離されている島民の衝撃的な現実を目の当たりにし、「これはなんとかしなければいけない」という使命感がだんだんとわいてきました。

そんなころ、加納教授が私にこう告げたのです。

「おまえは不器用で、整形外科医には向かない。寄生虫や細菌、ウイルスといった微生物を相手にするほうがよい」

たしかに私は不器用との自覚がありました。だから、教授の言葉をすっかり信じ込んでしまったのです。整形外科医をすっぱりやめ、「はい！　そうします」と寄生虫や細菌などの感染症について研究する人生を躊躇なく選ぶ決心をしました。

ところが加納教授は、須川君にも「おまえは不器用で……」と同じアドバイスをしていました。開成高校出身で、優秀な成績で医者になっていた須川君は、その手にはのりませんでした。やがて彼は、大変な器用さが要求される「手の手術」で、日本を代表する有名な整形外科医となったのでした。

一方の私は、加計呂麻島から帰ると東大大学院に入り、東京医科歯科大教授と東大伝染病研究所の指導を兼任していた加納教授のもと、伝染病研究所でフィラリアの研究に打ち込みました。それからの数年間は、奄美や沖縄のフィラリア流行地を熱心に訪ねては研究生活に没頭するという青春時代を過ごしました。

不器用な性格だったからこそおもしろい人生を歩めた

最初、加納教授に熱帯病調査団の「荷物持ち」といわれて奄美大島に同行した私たちでしたが、仕事は単なる荷物持ちではありませんでした。初めにいいわたされたのは、いろんな村の銭湯に行って、大金玉の人を数えてくることでした。

加納教授は、「フィラリア病は陰嚢が異常に大きくなり、恥ずかしいので、人には隠したがる。だから、どの地区に流行しているのかがわからない。銭湯で大金玉の人の数を調べるのがもっとも手っとり早い」といったのです。

須川君と私は、朝から銭湯に行き、こっそり大金玉の人を探しました。でも、昼近くになると湯あたりしてしまいます。ふらふらになりながら、男たちの股間をのぞき込んでいるので、番頭さんに「ヘンなやつめ!」とたたき出されました。

それでも、風呂好きの私は、めげずに別の村の銭湯に行っては調査をしました。しかし、どこの銭湯に行っても番頭さんに見つかっては怒られます。須川君は「バカらしい」といって早々にやめてしまいました。

次に命じられたのは、流行地の住民検査です。住民を集めて堂々と検査するわけではありません。夜な夜な民家を訪ねて、寝ている人に採血をお願いするのです。

フィラリアの幼虫であるミクロフィラリアは、昼間は肝臓にいて検出できないのですが、真夜中になると感染者の末梢血に出てきます。ここを狙ったのです。したがって、住民は夜中にたたき起こされ、見知らぬ男どもに血を抜かれます。考えてみると、蚊より悪質な行為です。もちろん、住民にはなぜ夜中に採血が必要か説明するのですが、眠い彼らは説明を聞いてくれません。何度も怒られ、たたき出されました。

新婚の夫婦を訪ねたときには、変態呼ばわりもされました。私が「変態」といわれても平気になったのは、このときの経験があるからかもしれません。

人生、何事も無駄なことはない、とよくいいますが、つくづくそう思います。

日本政府がフィラリア病撲滅に本腰を入れ始めたのは１９６２年からです。私たちは政府のフィラリア病撲滅対策の一員として参画し、奄美や沖縄で撲滅対策に没頭しました。フィラリアに有効な薬を住民にくり返し投与するとともに、蚊の発生源をなくし、殺虫剤であるＤＤＴを各家庭に散布して、蚊に刺されないよう対策を実施しました。結果、同地区のフィラリア感染者は急激に減少し、１９７８年の奄美大島の感染を最後に、日本からバンクロフト糸状虫症は完全に消えたのでした。あのときの感激は今も覚えています。

しかし、フィラリア病を完全に制圧する、ということは、同時に「研究対象を失う」ということでもありました。覚悟はしていたものの、私がフィラリア病の研究に携わってからまもなくして、日本のフィラリア病感染は消滅してしまったのです。

その頃の日本はフィラリアばかりでなく、回虫もほとんど完全に追放していました。寄生虫病を専攻していた私は、当然のことながら、研究の目的や方向性を失う結果になってしまったのです。他の研究員たちは、内科や皮膚科の医師に転向していきました。でも、私は柔軟性に乏しく、不器用だったので、方向転換できませんでした。

そこで、寄生虫や細菌とのつながりが深い熱帯医学を新たに専門分野に加え、研究職を続け、今日まで至ることになったのです。

臨床医に転向しないと決めた私に、恩師である加納教授はこういいました。

「不器用な人間ほど、最後までやり遂げるものだな」

不器用であることを、私自身、何度も嘆きたくなったことがあります。しかし、私が器用に立ち回れる人間だったなら、「寄生虫博士」とみなさんに広く知ってもらえなかったでしょう。誰もやりたがらない研究をおもしろがりながら粘り強く続けられたのは、不器用なこの性格のおかげ。器用に上手に生きなくたって、人生はおもしろくできるのです。

第2章

「寄生虫博士」の人生はトンデモなく奇想天外

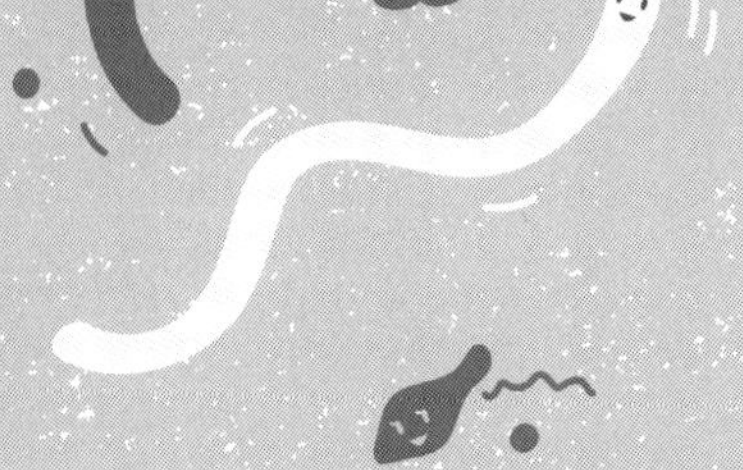

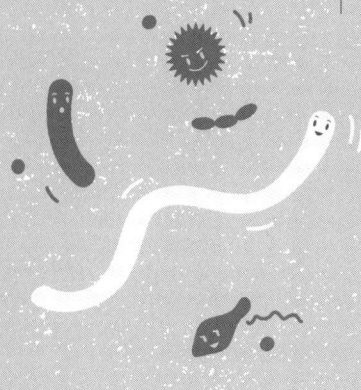

微生物がウヨウヨいる川はキレイで、雑菌のいない場所はキタナイ

振り返ってみれば、「あのときが転機だったな」と思うことが何度かあるものです。でも、そのときは日常の一コマだから、人生を変える転機とは気づかないことが多いでしょう。だが、どちらを選ぶかで、その後の人生は大きく違ってきます。

私にとって、インドネシア行きがまさにそうでした。

１９６０年代の日本は、東南アジアとのラワン材貿易がさかんで、商社や企業がなだれをうって現地に入っていました。インドネシアのカリマンタン島でも木材を必要とする企業が、こぞってジャングル入りしていました。

しかし、ここはマラリアや腸チフス、アメーバ赤痢など熱帯病のまん延地で、多くの駐在員が亡くなっていました。熱帯病のわかる医者がほしいとのことで、いくつかの企業から医師の派遣依頼が、当時私が所属していた東大の伝染病研究所に来たのです。その白羽の矢が立ったのが、まだ若き私でした。１９６７年、28歳のときです。

嘱託医に就くにあたって、「6か月契約、報酬は現金で先払い」と条件を出してみました。この条件に応じてくれたのが三井物産でした。

私は貧乏をしていたので、もらったお金は大事に貯金しようと思っていました。ところが現金を手にしたとたん、柔道部の後輩を誘っては毎晩新宿で飲み歩き、わずか10日間でほとんどのお金を使いはたしてしまったのです。

そんなころ、三井物産の担当部長から連絡が来ました。

「藤田先生、そろそろ働いてくれますか」

「わかりました。患者が出たら、この研究所に送ってください。僕が責任を持って治療します」

「何をいっているんですか。先生にはカリマンタン島に行ってもらいます！」

しぶしぶ渡ったインドネシアでした。でも、ここで私の人生は再び大きく動きました。

島の住民は、生活の大部分をマハカム川に依存しています。私の住まいも、川べりの民家でした。民家といっても、鍵もついておらず、地元の人たちが自由に出入りしています。

なぜ、川べりかというと、商社マンたちが住んでいるジャングルの奥地と村の間には、船しか交通手段がないからです。患者が船で運ばれてくると、私の家の前に直接船をつけられるようになっていました。私の家は診療所を兼ねていましたが、とても清潔といえるような環境ではありませんでした。トイレは川の上にあり、私が入ると魚が寄ってきて、落としたウンコを競って食べます。その魚は毎日のおかずになって出てきました。

こうした周辺住民のウンコがぷかぷか浮いている川で、人々は体を洗い、口をすすぎ、食事のしたくをして、食器を洗い、コーヒーも川の水で入れます。だから、住民は100パーセント、回虫持ちだったのです。

そのウンコの浮かぶ川で、子どもたちは毎日遊んでいます。私は何度も注意しました。

「こんなきたない川で遊んでいると、病気になるよ」

ところが、子どもたちは、「日本から来たドクターが、おかしなことをいっている」と首をかしげるだけです。しばらく観察していると、私が本当に「ヘン」なのかと思えてきました。ウンコの浮く川で洗濯をしている女性たちは、健康的でいきいきし、肌も髪もスベスベです。アレルギー性疾患や、うつなど心の病にかかっている人もいません。子どもたちの間にいじめはないし、誰でもいいから殺すとか、見知らぬ人を傷つけるという事件もありません。日本の医大で習ってきたこととまったく異なる状況が広がっていました。

とはいえ、こんなにキタナイ川の水を生活用水にしているのだから、コレラや赤痢にかかる人は多いはず、と調査してみました。すると、首都ジャカルタのような大都会の人たちより、はるかに感染率が低いことがわかりました。

私は、ジャカルタの日本大使館員およびその家族の健康調査を行いました。彼らが1年間に入院した原因は、第1位が腸チフス、第2位が交通事故、第3位がA型肝炎、第4位がアメーバ赤痢でした。交通事故を除いた入院の原因は、すべて水道水を口にしたことによる感染症でした。

一方、マハカム川の水を調べると、驚きました。ジャカルタの水道水に比べ、病原体の数がはるかに少ないのです。でも、さまざまな微生物がウヨウヨいます。そうした多様性に満ちた場所では、一つの病原体だけが増殖することは起こりません。微生物も群雄割拠すれば、一人勝ちは許されないのです。

多様性豊かな大河の自浄作用は、私たちが考えているよりはるかに大きく強いものです。反対に、雑菌のいない場所では自浄作用が働かず、病原体は悠々と増殖します。

このことに気づいたときから、

「キレイとはなんだろうか。キタナイとはなんだろうか」

との疑問が頭から離れなくなり、人生をかけて解決したいテーマになりました。

なぜ、ウンコの浮く川とともに暮らし、回虫持ちの彼らにアレルギーがないのか、との理由も知りたくもなりました。こうして、ここでの人々の暮らしにヒントを得て、第1章でお話しした寄生虫によるアレルギー抑制説を導き出すことになったのです。

みんな違って当たり前。それがわかっていてこそ、人は尊重しあえる

今ではインドネシアを大好きになった私ですが、正直なところ、最初は、こんな国は最低だと思っていました。

私がそう思うようになったきっかけに、こんな事件がありました。

インドネシアに滞在中、私はカリマンタン島のタンジュン村にいました。そこからブル島にいる日本人商社員の健康診断に行くことになりました。

ブル島には定期船が通っていません。私はアンボンという町で海軍上陸用船艇として使われていた船をチャーターしました。アンボンでチャーターできる最高の船です。

三井物産は、ブル島に行くために現地採用の日本人を私のお供につけてくれました。彼は元日本兵で、インドネシア人と結婚し、国籍をインドネシアに変えていました。私は彼に「船長が羅針盤を持っているかどうか」を前もってたしかめてもらいました。

出発の日、船へ行くと、目を疑いました。私たちが座れないほどたくさんのインドネシ

ア人が、すでに乗り込んでいるではありませんか。私は船長を呼び出して「俺がチャーターした船だ。俺が許可していないのに、なぜ勝手に乗せる」と尋ねました。船長は「ドクターは変な人だ。この人たちはブル島に行くために何か月もここで待っていたんだ。ブル島に行く船ができたのだから、乗せるのが当たり前だ」。私は一瞬言葉に詰まりました。

「そんなバカな。俺がチャーターした船に俺が乗れないなんて、おかしいじゃないか」と怒りをあらわにすると、「いや、ブル島に行く船に、行きたい人を乗せるのは当たり前じゃないか」と船長はいい張ります。お供の三井物産の社員も「何か月もブル島に行くのを待っていた人たちを乗せないなんて、先生は非情な人だ。先生のほうがおかしい」と船長と口をあわせます。2人の意見を聞いているうちに、なんだか本当に私の頭がおかしいのではないかと思えてきました。

私はひらきなおり、すでに乗っている人たちをかきわけ、若い女の子たちが寝ている近くに無理やり陣取って、寝転びました。彼女たちの話を聞くと、船に乗っている人たちはみんな、ブル島に行くための切符を買っているといいます。私はまた怒りが抑えきれないほどわいてきました。そして、船長に怒鳴り込みました。

「俺がチャーターして、俺がお金を払ったのに、彼女たちからさらにお金をとるなんておかしいじゃないか」。船長は「ドクター、あなたという人は本当に変ですね。タダで船に乗せる人なんていますか？　その人たちにふさわしい料金をもらうのが当然じゃないですか」とすまして答えます。お供の社員も「そうだ、そうだ。先生がおかしい」というのです。私はますます混乱しました。

船は満席の状態でブル島に向けて出発しました。ところが、途中で嵐に遭遇したのです。私たちが乗った海軍上陸用船艇は、バンダ海で木の葉のように流されました。そのとき、船長が羅針盤を持っていないことを白状したのです。

「船はどこへ流されるのか」と船長に尋ねると、「さあ、わかりませんね」と答えます。行き先もわからず、ただただ波に揺られていました。

両側にいた女の子たちは、怖がって私に抱きついてきました。最初は「いい思いもできたな」と喜んだのですが、しばらくすると、彼女たちが頭につけたヤシ油の匂いが鼻につき、吐き気をもよおしました。人がいっぱいでどこに吐いてよいかわからず、がまんしましたが、すぐに限界に達しました。嘔吐をがまんしていたのは私だけではありませんでした。われわれは、ゲロの海の中でのたうちまわりました。

2日で行けるはずのブル島は、3日たっても島影すら見えません。脱水症状がますますひどくなり、体がふらふらします。当時、ペットボトルに入った清潔な水は、インドネシアにありませんでした。生水には大量の大腸菌がいて、とても安心して飲めるものではありません。私が持っていたのは、缶に入ったビールとジュースだけ。それだけが安全な飲み物だったからです。しかし、体はすでにビールやジュースを受けつけません。人間ギリギリの状態に置かれると、結局ほしいものは水だけになるのです。

「こんなところで死ぬのは、いやだな」「もうインドネシアなんか来るものか」と恐怖と怒りが行ったり来たりと込み上げます。そのときです。船酔いした女性があやまって海に落ちました。彼女を救うため、船は方向を変えました。すると、うっすらと島影が見えたのです。それがブル島でした。私たちは九死に一生を得、島に上陸できたのでした。

それから2日後のこと。船長がいそいそとやってきました。「よかったら帰りも送るよ」。船長に激怒していた私は、「絶対断る、死んでも断る！」と追い返しました。結局、私がアンボンに帰ったのは、1か月後、日本の材木船がブル島に立ち寄ったときでした。

しばらくは船長を思い出しては腹を立てていた私ですが、インドネシアで暮らしていくうちに、船長の一連の言動は多様性豊かなインドネシアでは一理あるように思えてきたのです。この国の人たちは多様な価値観を持っています。「物事にはいろいろな考え方がある。みんな違って当たり前。だからこそ、それぞれを自然と尊重しあえる」という世界でした。インドネシアでの原始的な生活は、日本の文化的生活に飼い慣らされた私には、カルチャーショックの連続でした。

あるがままに生き、わがままなことはしない

インドネシアは多様性の国です。

国の総面積は190万5000平方キロと日本の約5倍。東西5100キロ、南北1900キロに1万数千もの大小の島々が散らばっています。そこに住む人々は490種類の言語と民族にわかれ、山一つ越えると、同じ島内でも言葉が通じないこともあります。

インドネシアの国家標語は「多様性の中の統一」です。この言葉は、国章に描かれた伝説の鳥ガルーダの脚にしっかりとつかまれています。一つの言語、一つの文化や伝統を強要したりせず、お互いの違いを理解し、それを礎として、新たな国家や文化を創造していく、というのがこの標語の理念のようです。

実際、インドネシアに行ってみると、宗教はイスラム教徒が多いものの、中東のイスラム教徒のように自分の教義を他宗の人に押しつけるようなことをしていません。各民族の生活様式は、そのまま尊重されています。そうして全体的には統一されて、一つのインド

ネシアという国にまとまっています。

こんなことをいっている私も、最初は、ウンコが流れる川で水浴びをしたり、その水を飲んだりする、野蛮で原始的なこの土地でなど暮せない、と思っていました。

しかもインドネシアの人は、約束の時間に平気で遅れてくるし、今日やると約束した仕事を勝手に翌日に延ばしたりします。空港では、飛行機の空席があったとしても、「もう席はいっぱいだけど、なんとかする」と賄賂を要求してきます。

あるとき、空港で飛行機を待っていると、定刻を過ぎても何の連絡も入らないことがありました。しかし、みんな黙って待っています。私一人がイライラして、何度も職員に聞きに行きました。職員は「いつかやってくるでしょう」と答えるだけです。「せめて、飛行機が何時間遅れる、というアナウンスだけでもするべきではないか」と問うと、「それがわからないから、いわないんです」と相手にもされませんでした。

結局、その日に飛行機は来ませんでした。なぜ来なかったか理由さえ説明されません。私はまたも職員に詰め寄りました。すると、

「これはよいことなのです。アラーの神の思し召しです。もし、今日来た飛行機に乗っていたら、あなたの運命は悪いほうにいったかもしれません。でも、次来る飛行機に乗れば、運命がよくなるかもしれません」

と、なだめられました。「こんな国、二度と来るものか」と私は強く思いました。

ところが、日本に半年もいると、インドネシアが不思議と恋しくなってきたのです。インドネシア人のおおらかさ、明るさ、自然に溶け込み、他者を認め、ともに存在しようとする生き方は、日本社会ではほとんど見られなくなっているものでした。日本人の行動はルールに拘束され、そのルールは「人様に迷惑をかけない」という常識的な考え方が前提になっています。また、隣の人と同じでないと、不安になる人が多く見られます。ある意見が主流になると、それに従う傾向があります。まして、その意見が社会的に正しいとされると、他の意見は叩かれ、一掃されてしまいます。

そんな大勢と異なる意見や行動を許さないという日本社会特有の生真面目さは、「みんな違って、みんないい」という多様性豊かなインドネシアの懐の深さを知ってしまうと、ひどく窮屈で息苦しく感じられるように、私自身がなってきたのです。

そのときに思い出したのが、3日3晩の漂流の旅の末にたどり着いたブル島で生活でした。バンダ海に浮かぶブル島は囚人の島で、定期便はありません。この島には三井物産の社員が5人いて、ラワン材の伐採に従事していました。私がここに1か月間も足止めされたのは、台風の影響で、日本からの材木船が来られなくなったためです。

食料が底をつくと、海に魚釣りに行ったり、山でタロイモを掘ったりして食料を集めました。このようなサバイバルな環境では、医者や木材伐採者という役職や立場はまったく関係なくなります。みんなが生きるための食料集めに必死でした。小賢しい腹芸なんて通用しません。自分をさらけ出して裸のつきあいをするしかないのです。そんな人たちと暮らしていると、「人からどう思われようとかまわない。そのかわり、かげで悪いことはやらない」というように、私の考え方も劇的に変わっていきました。

それまでは、人の目ばかり気にする私がいました。一方で自分のやりたいことはどんなことでもするという、とてもわがままな人間でした。しかし、私はここで「あるがままに生きる」ことを学びました。自分の「あるがまま」を感じ、その「あるがまま」を率直に受け入れ、「私はこう思う」と自分自身で物事を判断して問題を解決していくことが「自分の人生を生きる」ということだと実感したのです。

日本では「わがままをいってはいけない」とよくいいます。しかし、本当の「わがまま」とは相手を自分に従わせることではなく、他人の「あるがまま」を受け入れようとしないことだ、ということにも気づきました。つまり、「わがままをいうな」と相手を自分に従わせようとする行為そのものが、「わがまま」なのです。

「あるがままに生きる」ことを知った私は、インドネシアでは心身ともにのびのびして自由を味わえるようになりました。そうして45年間、毎年訪れるようになったのです。

賄賂もみんなでわけあえば生きたお金になる

インドネシアのカリマンタン島の人たちは、とにかくおおらかです。ドロボウにも賄賂にもおおらかです。頭にきたから殺すとか、見知らぬ人を傷つけるとかいう人はいませんが、ドロボウはいっぱいいいました。

私の住まいに鍵はありませんでしたが、寝室だけは鍵がかかるようになっていました。それなのに、ある朝起きると、寝室に置いたカバンと自転車が消えているのです。カバンにはパスポートも現金も入っています。真っ青になった私のもとに、三井物産の支店長が、羅針盤を手にしたヨレヨレの老人を連れてきました。

彼は占い師を名乗り、「お前の心は腐っている。アラーの神のほうに向かって、川の水をかぶれ」といいます。しかたなく、私は彼のいうとおりに真っ裸になって川の水をかぶり、占い料を払いました。するとその晩、寝ている間にカバンと自転車が戻ってきました。

このとき気づいたのですが、占い師も村人たちも犯人を知っていたのです。占い師に渡したお金は、みんなでわけあっていました。インドネシアではお金を持っている人が、持っていない人に分配するのが「当たり前」とする考え方がありました。

日本では悪いこととされる賄賂も、インドネシア人は悪いと思っていません。賄賂で得たお金は独り占めされないからです。お金持ちは満たされているのだから、お金を持っている人からとって、みんなでわけあうのは当然と思っています。

それは、インドネシアの人の心に「喜捨」が浸透しているからでしょう。喜捨とはイスラム教や仏教にある考え方で、お金を持っている人が、持っていない人に、「喜んで施しをさせていただく」というものです。

ただし、それは偽善ではありません。「偽」の漢字をよく見ると、「人の為」とあります。「あなたのためだから」と行動することが「偽善」。自分にはたまたま余っていて、喜んで捨てるので、代わりにあなたが役立ててください、という行為が「喜捨」です。「喜捨」は、相手がどう思うのかは関係なく、自分がやりたいからする、という考え方です。

何か自分が「よい」と思うことをして、「相手が喜んでくれなかった」と怒りが芽生えれば、偽善で動いているからです。喜捨の心で動けば、相手がどう反応するかなど関係なくなります。この喜捨の意味を知って、私はドロボウにあっても「僕のお金が困っている人の役に立つなら、まあいいか」と腹が立たなくなりました。

インドネシアの暮らしには「プーラン・プーラン」の豊かさがあった

インドネシア語では、「ありがとう」を「テレマカシー」といいます。日本語の「ありがとう」は感謝を伝える言葉ですが、「テレマカシー」は「もらって当然」という意味です。

日本では「ありがとう、といってくれない」と怒る人がいますが、インドネシアでは「テレマカシーといわれなかった」と怒る人はいません。

現地の人は一見、不愛想にも感じますが、慣れてくるとこちらも気を遣わなくてよく、自分主体でつきあえる人間関係が心地よくなってきます。

彼らのセコセコしない雄大な人間性はどこからきていたのだろう、と今も懐かしく思い出します。カリマンタン島を悠々と流れる大河に象徴されるように、彼らの自然観、世界観、そして健康観は、人がつくり出す統制に服さず、いっさいが自然のまま、自然界にポーンと放り出された人間が抱く野性の感性があるように感じられました。

とくに子どもたちのたくましさ、屈託のない笑顔がたまらなく恋しくなります。

あるときのこと、私はカリマンタン島でマラリアの感染がどのような種類のハマダラカによって媒介されているのか調査することにしました。そこで、仲よくなった子どもたちにハマダラカの発生源に案内してもらいました。私は数人の子どもたちに道案内を頼み、一緒にジャングルに入ったのです。

ジャングルにはチョウが舞い、小鳥がさえずっていましたが、たくさんのヤブカにも襲われました。ジャングルでウンコをしたくなったときには大変です。私の白いお尻をめがけてたくさんの蚊が襲ってきます。また、ウンコの臭いを嗅ぎつけて、突然、どこからか野生の豚が走ってくるのです。大蛇もウンコが大好きらしく、ひそかに尻付近に近づいてきたりします。楽しくもあり、苦しさもありながら、なんとかハマダラカのボウフラが棲息する、水の澄んだ泉にたどりつきました。

そのとき、一人の子どもがスルスルと木に登り始めました。そして何やら捕まえて降りてきました。彼の手の中では、3匹のヒヨドリがピヨピヨと鳴いていました。私は「やあ、かわいいね」と彼のそばにかけよりました。

ところが、3匹のヒヨドリはあっという間に子どもたちに首をひねられたのです。

「なんてことをするんだ！」

思わず日本語で叫びました。すると、子どもたちはキョトンとして、

「ドクター、ドクターも食べたいの？　とってもおいしいよ」

とヒヨドリの毛をむしり、ムシャムシャと食べ始めたではないですか。

私はただ呆然として眺めました。でも、子どもたちがヒヨドリを食べる姿に残酷さは感じられません。ジャングルでは、生き物はすべて「食うか、食われるか」という生存競争のなかにあります。だから、彼らの行為はとても自然に見えたのです。

カリマンタン島の子どもたちは、じっとしていてはたんぱく源の食料を口にできません。小鳥や魚など、食べたいものはなんでも自分たちで見つけ獲得していきます。

このとき、私はルソーの教育論『エミール』の一説を思い出しました。

「子どもを不幸にする一番確実な方法は何か。それはいつでもなんでも手に入れられるようにしてやることだ」

そう考えると、日本の子どもは大変に過酷な環境に生きていることになります。

現代の日本には、ものがあふれています。ものばかりではないですね。授業に宿題、塾や部活、習い事などに追いまくられています。飽食や過食をもじって「飽育、過育の時代」という学者もいるほどです。

大変なのはお母さんたちも一緒で、あふれかえる情報に疲れを覚えながら、「わが子のために」と熱心に子育ての知識を集めていきます。そのぶん、子どもは幼いころから、いつも何かをがんばらされて、「疲れた」「忙しい」と口にします。

一方のタンジュン村の母親に、子育ての知識はありません。ここには子育ての本すらありません。「子どもの才能は3歳まで」というような情報もないのです。それぞれが、その人相応の経験から得た知恵にもとづいて、悠々と子育てをするだけです。

インドネシアの男たちは勝手で無責任な人間が多く、女性が妊娠するとどこかに逃げていくことがよくあります。だから、シングルマザーがたくさんいます。

しかし、彼女たちは差別されることなく、集団に溶け込んでいます。川で洗濯する女性たちには10人の子持ちもいれば、夫に逃げられた女性、一度も結婚していない女性もいます。彼女たちはそれぞれの立場で垣根をつくったりせず、一緒になって生活をエンジョイし、笑いあっています。そんな姿を見ていると、物質的な豊かさと心の豊かさは、イコールで結ばれるものではないのだ、としみじみと感じました。

私が大好きなインドネシア語を一つお伝えしましょう。「プーラン・プーラン」。日本語に直すと「ゆっくり、ゆっくり」という意味です。

時間や情報に管理されて、心の余裕まで失いがちなときほど、「プーラン・プーラン」と肩の力を抜いてみてください。私も「プーラン・プーラン」と心で唱えながら、今日もカリマンタン島の原始的な暮らしに思いをはせています。

「文明の家畜」となって生きることははたして幸せか

私が大学時代に読んで感動した本に、本多勝一さんが書いた『極限の民族』（朝日新聞社）があります。本多さんが外国のさまざまな民族とともに生活し、日本人にほとんど知られていなかった民族集団の文化や生活について調査した、文字通り体を張って取材した貴重な記録でした。

まだ若かった私は、本多さんの行動力と勇気に触発され、自分が携わっている研究との共通点を探し出してみようと考えました。

私たちの住む現代社会は、より便利により快適により清潔に、という合理性と効率性ばかり追求してきた結晶です。

しかし、「便利・快適・清潔」だけを一方的に求め、ひたすら経済効率のみを追求する社会では、人は正常な生き方ができなくなります。人類がつくりあげた「文明」に規制されながら生きていれば、いつの間にか立場が逆転し、人は文明に飼いならされた状態になってしまうからです。文明から離れた大自然の中に放り出されるととたんに不安になり、生き方がわからなくなる。その姿はまるで「文明の家畜」です。

家畜とは、野生の動物を人間が便利なように改良した動物。家畜化することで、動物が本来持っている野性が失われ、自然界でたくましく生き抜けなくなり、生物としては衰退します。それと同じ現象が、現代人にも起こっています。そのことを私は「人類の家畜化現象」と呼んできました。

そこで私は、文明に接していない民族、文明に飼いならされていない人々に会ってみたくなったのです。毎年のように海外に出かけていく研究調査の目的の一つを「文明によって家畜化されていない人たちに会い、家畜化されつつある現代人との相違点を見つける」と定めました。そうして極限の民族に出会う旅を始めたのです。

極限の民族に出会う旅は、感染症学の研究、現地の水の調査、そしてたくさんのウンコを集める旅としっかりと重なりました。そのフィールドワークの一環として、イラクの遊牧民、ニューギニアの高地民族、インドネシアのダヤック族、そしてジャワ島の農耕民族など、いろいろな民族を訪ね歩きました。

この「家畜化されていない人たちと会う旅」でとくに印象的だったのが、インドネシアのダヤック族を訪ねた旅でした。

あれは50年近く前、私がまだ順天堂大学で助教授をしていたころです。順天堂大学の熱帯医学研究所の学生4人とともに、ダヤック族に会うため、カリマンタン島の奥深いジャングル地帯に入りました。たいへんにつらい旅路で、学生たちに「ついてくるんじゃなかった」と何度も嘆かれながら、そのたびになだめすかして、やっとの思いで秘境に住むダヤック族の集落にたどり着きました。

その集落には、ロングハウスと呼ばれる1軒の「長屋」がありました。住人の数は約300人。高床式の長屋は、端から端まで100メートルほどまっすぐな廊下が続き、それに沿って約30室の部屋が並んでいます。

ロングハウスの外側はテラスで、そこには多くの洗濯物が干されていました。そのテラスのあちこちの柱に飾られたものを見た瞬間、私たちはそれまでの暑さを忘れ、手足がいっきに冷たくなるのを感じました。人の頭蓋骨が乗っていたのです。ダヤック族は「首狩り族」だったのです。私は、案内人兼通訳の若者に「僕たちは大丈夫？」と尋ねました。

それを聞いたダヤック族の族長は、語り始めました。

「たしかに、私たちは50年前まで『首狩り』を行っていました。しかし、今はやっていません。インドネシア政府が禁止しているからです。

みなさんは、『首狩り』を恐ろしい行為と思っています。でも、私たちはそう思っていません。このロングハウスには約30部屋しかありません。焼き畑農場の面積も限られています。人が増え続ければ、みんなが住むことも食べることもできなくなります。他のダヤック族も事情は同じ。だから私たちは部族間で『首狩り』を互いに行っていたのです。つまり、『首狩り』は部族間の戦いではなく、一種の『お祭り』だったのです」

ダヤック族の「首狩り」は、人口を調整する「間引き」だったのでした。

日本のように豊富な食糧や整備された医療がない土地で暮らす彼らにとって、食べものをつくったり、狩りをしたりできなくなった人間は、食糧を消費するだけで、集団生活を維持するうえで重荷になります。

これと同じようなことは、他の移動型狩猟採集民族でも行われていたようです。彼らにとって、動けなくなった高齢の老人を抱えての移動は非情に困難です。

このような高齢者への対応は、民族によってさまざまな方法があります。少量の食糧を残したまま置き去りにし、集団のあとを追うことができればまた合流させる、存在を無視して何もせずに放置する、自発的に自殺させるなどが報告されています。

そのなかでもダヤック族の「首狩り」は部族間で行われるため、直接的に親族や知りあいが殺人しなくてすむ合理的な方法であり、民族が生き抜くために不可欠な伝統的行為だったのでした。

思いがけない申し出はある日突然やってくるもの

ダヤック族の族長の話にショックを受けつつも、自分や学生たちの首が狩られる心配がないとわかり、私は胸をなでおろしました。

ところが、族長がさらに私たちを驚かせるようなことをいい出したのです。

「私たちダヤック族は長屋に一族がいて、どうしても血族結婚が多くなります。新しい血を入れなきゃいけません。こんな山奥まで日本の若者がやってくるなんて、めったにないことです。そこで、お願いです。みなさんに今晩、私たちの部族の娘たちを提供しようと思います。みなさんの子種がほしいのです」

私たちは族長の願いを聞いて、一瞬、息が止まりました。4人の学生はおたがいに顔を見あって、それから全員が引率者である私の顔の方を振り向くのです。

今も、あのときのとまどいを、私はたびたび思い出します。

帰国後、族長の話がダヤック族において普遍的なものなのか、文献を当たりました。私たちが訪ねたダヤック族と同じ民族だろうと思われるイバン族と1年近く生活を共にした文化人類学者の内堀基光、山下晋司両博士の共著『死の人類学』（弘文堂）も読みましたが、私たちが経験した内容はまったく語られていませんでした。

イバン族とはマレーシア領に住むダヤック族のことで、イバン族にとっても河はもっとも重要な交通路です。両岸の緑が時折とぎれると、イバン族の村が姿を見せます。村といっても、1軒の長大な杭上家屋が村そのものです。イバン語で「ルマフ・パンジャイ」というそうですが、これがいわゆるロングハウスです。

なお、内堀先生によると、「首狩り」は族長が私たちに話した単純な「姥捨て山」的な行事ではなく、もっと深い宗教的な意味と持つとのことでした。「首狩り」の行為そのものが、死者祭宴で勇者が果たすのと同じように、あの社会での一種の「威信」を与える役割と記されていました。

さて、問題は「子種がほしい」などと予想を超えた申し出に、どう応えればよいのか、です。学生たちの顔を見ると、2人はうれしそうで、2人は困った顔をしています。当惑のあまり言葉のない私の口から、ようやく出てきたのが「わかりました」でした。族長はニヤリと笑って外へ出ていきました。

やがて彼は5人の娘を連れてきて、族長の部屋の中央に並ばせました。20歳代の女性と思われるかわいい娘さんたちでした。5人のうち1人はどちらかというと少し年上でした。族長は、私のためにその娘さんを選んでくれたようです。

私と4人の学生は落ち着かず、座っているのがやっと。それでも私は引率者として、

「どうするのか、判断はそれぞれにまかせるよ。いやならば娘さんを帰せばいいし、この民族の未来ために子種を残してあげたいと思うならそうしたらいい。ただし、これだけは守ろう。あとで詮索したり、いいふらしたりはしないこと」

と、カラカラになった口で努めて冷静にいいました。

驚いたのは、私たちの前に並んだ娘さんたちはみんな表情が明るく、楽しそうにしていることです。ちょっと恥ずかしそうにモジモジしながらも、お互いに笑いあっています。

族長は、私たちにこういいました。

「娘を選ぶ順番は年長者からであること。誰を選ぶかは自由。その娘には、お手当を渡すことを忘れないでください」

騒ぎを聞きつけ、大勢の子どもたちが族長の部屋をのぞきにきています。族長が何かを話し、部屋の戸を閉めると、やがて子どもたちが立ち去る音がしました。

族長は私に娘を選ぶよう催促しました。私は少し年上の娘さんを選びました。私たちは部屋の一角に行くよう指示されました。次に学生の最年長者が1人選んでもう1角に移り

ました。そうして部屋の四角と中央にそれぞれ1組の男女が陣取ったのです。

私たちは衝立も何もない部屋に、それぞれ男女で寝かされました。

それを見届けた族長は満足そうに、娘さんたちに何か声をかけ、通訳の若者と一緒に部屋から出ていき、部屋のロウソクは消されました。

今までまったく知らない男女が、こんな状態で寝そべるだけでも大変です。言葉も通じないので話すこともできません。どうしたものかと思っていると、1人の学生が娘さんを帰したようでした。暗闇の中をソーッと部屋を出ていく気配が感じられました。やがて、もう一人の学生も娘さんを帰したことがわかりました。そうすると、私の隣にいた娘さんも何かソワソワし始めました。私は暗闇の中でお金を彼女にそっと手渡しました。彼女も忍び足で出ていきました。

しかし、他の2人の学生のところに行った娘さんは、なかなか出ていく気配がありません。私はもんもんとしたものを感じながらも、いつしか寝入ってしまいました。

目が覚めると、部屋には朝日が差し込んでいます。

学生たちは何もなかったように、ダヤックの人たちと朝食の準備をしていました。私もいつの間にか、「あの夜」のことを話すきっかけを失い、学生たちに尋ねることもできず、今日まで来てしまったのでした。

この地上に、文明に接していない民族はもうないのかもしれない

それから20年以上たったころ、私は再びダヤック族を訪ねる機会を得ました。

このときは2人の学生と若いガイド1人を連れ、カリマンタン島を流れるマハカム川をボートで遡って、ジャングルの奥地に入っていきました。

「ここまでくれば、文明に接していないダヤック族に出会える」という奥地まで入り込むのが目的です。このころになると、どこのダヤック族の集落にも電気が通っていて、みんなでテレビを見ていました。電話も使っています。だからこそ、前回よりはるか奥地にまで入っていく必要がありました。

私たちは数日かけてボートで川を上っていきました。学生の一人は長い船旅で心身ともに弱り、口もきいてくれなくなりました。ガイドの若者も、「ここから先はマハカム川が急流となり、ボートでは行けない。私もここから先には行ったことがない」と危険を訴えます。ふだんは元気いっぱいのもう一人の学生もいい顔をしませんでした。

それでももっと奥地に行かなければ、文明に接していない人たちには出会えないと私はいい張り、川にそって小さな道を歩き始めました。ところが4キロほど歩いたところで、体調を崩していた学生が顔を真っ青にしてうずくまってしまいました。おなかがひどく痛いというのです。私もこのあたりが限界とあきらめました。そうして、ダヤック族が住んでいるロングハウスを探すことにしました。

到着したロングハウスは、かつて訪ねたものとよく似ていました。中央にある族長の部屋は、家具などないガランとした50畳ほどの板張りで、族長の古い奥さんと子ども5人が住んでいました。私たちはここで寝起きすることになりました。部屋には電気がなく、夜はロウソクの光で生活していました。私はほっとしました。

一方、族長は、別棟で若い夫人と住んでいるといいます。その別棟を訪ねてみました。すると、電気が煌々とつき、海外のアダルトビデオを2人で仲良く見ているではありませんか。電気は、自家発電機を使ってつくっていました。

しかも、このロングハウスの族長は、英語も少しわかるようでした。理由を尋ねると、「私の息子はオーストラリアに留学している」と自慢げに語るのです。私は完全にショゲてしまいました。

それでも、100年以上も昔に建てられたというロングハウスは、荘厳で歴史を感じさせるすばらしいものでした。5メートルもある高床を支える丸柱は、磨き上げられた巨木で、うっすらと苔を帯びています。

ダヤック族のロングハウスに泊まると、チョウジ（クローブとも）や森の木、草などの匂いが漂ってきます。心地よい匂いに出あうと、ストレス社会で忘れかけていた幸福感をしみじみと味わうことができました。「生きている」という実感も呼び起こされました。

ここでは、タロイモやバナナはもちろん、お米までとれました。良質のロタン（籐）を織っていますし、鉄木とも呼ばれる上質のウリン林もあり、ダマールという樹脂（塗料などに使われる）も豊富なので、人々の暮らしは比較的裕福でした。ジャングルには多くの薬木もあり、それらも相当に高価な値段で取引されているようでした。

私たちは早速に、ここの人たちの健康調査を始めました。血圧を測り、問診をし、採血もしました。彼らのウンコも集めました。彼らは全員、回虫などの寄生虫をおなかに飼っているとわかりました。反対に、アトピー性皮膚炎や花粉症、気管支ぜんそくなど、いわゆる現代病に苦しんでいる人は一人もいませんでした。

ところが、健康調査をしている私たちのほうが、滞在1日目から全員ウンコが出なくなってしまったのです。ガランとした族長の部屋の片隅には、長方形に床を切り抜いた場所がありました。その横には水溜めの壺と手桶が一緒に置いてあるのですが、人目を遮る囲いが何もありません。切り抜いたところから下をのぞくと、はるか下に薄汚いドロドロした地面が見えます。ここが、族長一家専用のトイレだったのです。

おなかを壊していた学生の一人は、「ここでは無理！」とジャングルに飛び出していきました。そのウンコの匂いを感じて、2匹の野豚が彼のお尻を目指して突進してきました。彼はパンツを下げたまま、ロングハウスに逃げ帰ってきました。もう一人の学生もジャングルに飛び出し、たくさんの蚊にお尻を刺されて帰ってきました。

私はかつてジャングルでウンコをし、野豚に襲われたり、大蛇に喰われそうになったりした経験があり、ジャングルでの排便がいかに危険か知っています。しかし、5日目にはこらえきれず、族長の部屋のトイレにまたがりました。

すると、ロングハウスにいた娘さんや子どもたちが集まってきて、私のお尻を指して、ゲラゲラと笑い始めたのです。トイレの下には、騒ぎを聞いて豚たちが集まり、ブーギャアーブーギャアー叫んでいます。私のウンコを奪いあうためです。せっかくに出かかったものが引っ込んでしまいました。おなかは膨れ、ガスがたまり、苦しくてたまりません。

人間は、慣れ親しんだ格好で用を足さないと「快便」は得られないものだということをつくづくと実感しました。そうして一人もだえ苦しみながら、「もう二度と、文明に接していない民族に私は出会えないのだろう」と考えていたのでした。

バカであるからこそできる研究はたくさんある

1985年の夏、東アフリカのモザンビークでの出来事も思い出深いものです。モザンビークのケリマネという町には、日本の大手漁業会社が出資した、ある会社がありました。その漁業会社のもとで、日本からやってきた約200名の漁師さんがエビを捕っていました。ところが、2人が血尿を主症状とする原因不明の病気で亡くなったのです。原因を調べるため、私はこのケリマネに呼ばれてきたのでした。

亡くなった人を調べると、ビルハルツ住血吸虫という風土病が原因とわかりました。しかし、現地の医者は性病と思い込んでいたのです。ペニシリン注射を続けているうちに、ビルハルツ住血吸虫におかされた膀胱壁が崩れ、2人は死んだのでした。

このとき、調査を手伝ってくれた現地の人たちの足が、象のように膨らんでいることに私は気づきました。遠くからみると、まるで長靴を履いているようです。象皮病です。すぐにフィラリア病にかかっているとわかりました。

ビルハルツ住血吸虫の調査も大切だが、私には、自分が専門としてきたフィラリアの感染動態の調査のほうが、はるかに興味がありました。モザンビークでのフィラリア感染については、まったく報告がなかったのです。フィラリア感染動態を調べるには、たくさんの蚊を生け捕りにしなければいけません。日本から連れていった助手は一人だけで、人手が足りません。そこで、将来有望な若き現地職員2人に手伝ってもらうことにしました。

調査を始めるとすぐに、フィラリア、マラリア、デング熱を媒介する蚊がわんさといるとわかりました。それを知った現地職員の2人が「藤田先生はひどい。私たちが蚊に刺されて大金玉になってしまったら、どうするんですか！」と激しく抗議してきました。冷静に考えれば、ここで蚊に刺されるのはとんでもなく危険とわかります。そんなことを十分に知っているはずなのに、嬉々として調査を始めたわけで、やっぱり私は「ヘン」なのかもしれません。でも、バカだからこそできる研究は多いのです。

それから3年間、私は股間が腫れていないことを確認しながら、調査のためにモザンビークに通いました。弟子たちに「一緒に調査をやらないか」と誘いましたが、「怖いからいやだ」と断られました。ようやく一人が了承してくれましたが、彼の両親から「やっと医者にした私の息子を、アフリカ奥地に連れて行かないでくれ」と抗議を受け、あきらめました。今も私は股間を毎日観察していますが、幸いなことに陰嚢は腫れてきていません。

「事実は小説より奇なり」を私も体験しています

フィラリア病など熱帯病のフィールド調査のため、私はニューギニア島にも20年間ほど通いました。1回の調査は約1か月間、大学院生を数人連れて行き、ジャングルをいろいろ歩いて蚊を採取し、蚊の発生源を調べ、その蚊がいつ、どのような方法で人を吸血し、フィラリアという寄生虫を伝搬させるかなどを調査して回りました。

こうした調査は、ジャングル好きの私には楽しいものでしたが、若い大学院生には相当つらかったようで、ほとんどが調査の後半には不機嫌になっていきました。

そんなときには、彼らのご機嫌をとることも私の仕事に加わりました。

「帰りはマニラに寄って、おいしいものをたらふくご馳走するよ。カラオケにも連れていこう。だから、元気を出してくれよ」

フィリピンの首都マニラには、細井さんという友人がいました。細井さんはもともと日本の商社マンでしたが、独立してマニラで会社を興していました。ニューギニアの調査の帰りには、毎回、マニラに寄って細井さんに会うことにしていたのです。

1987、8年ごろのことです。私は、東大の伝染病研究所からアメリカのテキサス大学、順天堂大学、金沢医科大学と渡り歩き、当時は長崎大学の教授職に落ち着いたところでした。このときは長崎大学の大学院生だった在津誠くんと一緒でした。

パプアニューギニアを飛び立った飛行機は、なぜか1時間も早くマニラに着きました。入国手続きをすませると、降客専用の待合室で迎えに来るはずの細井さんを待ちました。マニラ空港は、そのころ大変物騒になったと聞いていたからです。

しばらくして、「ナガサキのフジタさ〜ん！」と大きな声が聞こえてきました。私は在津君と顔を見あわせました。若いフィリピン人の2人が私を手招きしていました。「僕のことかい？」と近寄っていくと、彼らはこんなことをいってきたのです。

「ボスが交通事故を起こし、車がメチャクチャになった。だから迎えに来られない」

「細井さんが!?　大変だ。なんの連絡もなかったが……」

「2時間前の事故だ。僕たちのボス、ホソイさんは脚の骨を折った。だから、代わりに僕たちがフジタさんを迎えに来た」

そういうと、「自分たちはホソイさんの下で働いている」と少し年上に見えた青年が自己紹介を始めました。

「僕の名前は『フライ』、日本語でいうと『ハエ』だね。こちらは僕の息子。だから日本語でいえば『ウジ』。アハハ！　よろしく」

しかし、2人が親子にはどうしても見えませんでした。ただ、「長崎の藤田さん」と呼ばれたことで、彼らをすっかり信用してしまったのです。

私たち4人は案内されたタクシーに乗り込みました。するとすぐに、後部座席の両脇から見知らぬ男2人が乗ってきて、タクシーが走り出しました。あっという間のできごとでした。こうなってようやく、私たちは異変に気づいたのです。

「真っ昼間のマニラだ。在津君、彼らといっちょ、やるか！」

日本語でいうと、在津君が震えた声で答えました。

「先生がなんぼ柔道2段でもピストルには負けますよ。僕の腰に冷たいものがッ。絶対に穏便にすませてください！」

そうこうしているうちに、タクシーはスラム街に入っていきました。

「ねぇ、『ハエ』さん。あなた、細井さんの従業員でしょう。だったら僕たちがひどく貧乏だと知っているはずだよ。僕たちは『ヒッピー』でニューギニアをヒッチハイクしてきたんだよ。お金は持っていないんだ。そんなことは『ウジ』さんもよく知っていますよね」

われながらうまいことをいったと思いました。実際、服装はひどいもので、ヒッピーより貧しく見えました。「貧すれば『得』する」。ここが勝負どころです。

「幸い、僕は100ドル持っています。これをどうぞ」と私。「100ドルではダメだ」と、「ハエ」さんではない、強面《こわもて》のフィリピン青年がすごみます。すかさず在津君が「あッ、僕も100ドルを持っていました！」とお金を差し出しました。

200ドル、日本円にして約2万円を渡して解放されました。ホテルでは細井さんが心配して待っていました。私たちは、ヘナヘナと座り込みました。

細井さんによると、同じ手口による事件が連続で起こっていて、前週には日本人がスラム街で真っ裸にされ、パスポートも有り金もすべてとられて放り出されたといいます。その人は、空手5段でケンカに自信があり、犯人に抵抗してしまったのです。

「藤田先生みたいに、安くあげて、平和的に解決した例などありませんよ」と細井さんが褒めてくれるので、「貧乏そうに見えることだって、たまにはよいことがあるんですよ」と私は自慢気に答えました。それにしても、私と細井さんの名前をなぜ彼らは知っていたのでしょうか。細井さんいわく、空港にスパイがいて、旅行者の荷物のタッグの名前を見て、外部の人間に伝えているとのことです。しかも、うかつにも私が「細井さん」の名前を先に出してしまったのです。今でも身が縮み上がる、「事実は小説より奇なり」の出来事でした。でも、無事でよかったよ、無事で。

「のどもと過ぎれば熱さを忘れる」とは、私のことだろうか

あんなに危険な目にあったのに、私はフィリピンが恋しくて再び向かいました。

1989年11月28日、肌寒い東京から一転初夏を思わせるマニラに着きました。日米医学協力会議という名のもとに、日米両国の医学者たちが集まって研究会を持っていました。その会が満20周年を迎えるにあたり、フィリピン、タイ、インドネシアに出向き、現地のマラリアとフィラリアについての研究を視察して報告する、という要請を受けたのです。この旅の最初の目的地がマニラでした。

12月1日、マニラ在住の友人、細井さんからの電話が鳴りました。

フィリピン国軍がクーデターを起こし、マニラ国際空港と国営テレビを占拠したというのです。反乱軍が当時のアキノ大統領のいるマラカニアン宮殿を攻撃したのです。

私と細井さんは、空港近くまで、政府軍と反政府軍の銃撃戦を見物に出かけることにしました。細井さんいわく、「こんなこと、たいしたことないですよ。マルコスのときだっ

て一日で終わりました。おいしいものでも食べてのんびりしましょう」と、交通量のめっきり減ったマニラの中心街を、スピードをあげてドライブを楽しみました。

私は生来、おっちょこちょいな性格です。自分の泊まっているホテルが反乱軍に占拠されるとは夢にも思っていませんでした。翌朝目覚めると、「今日も細井さんと市街戦を見に行って、おいしいものを食べてこよう」と楽観していました。

宿泊先は日航系のマニラ・ガーデンホテルで、マニラ随一のビジネス街にして商業の中心地であるマカティ地区にありました。ふと窓の外を見ると人通りがなく、随所に車でバリケードが築かれていることに気づきました。テレビのスイッチを入れると、フィリピン国軍のクーデターは、早くもほぼ収束しかけていると報じていました。ところが、完全武装した約200人の反乱兵の残党が小規模集団にわかれ、マカティ地区になだれ込み、政府軍と市街戦を展開しているというのです。

改めて外を見ると、ホテルの前に国軍の戦車が進んできていました。そこに反乱軍が砲撃を加えます。戦車から軍の兵士5～6人が飛び出し、戦車の背後にまわって白旗を振りました。反乱軍はかまわず銃撃を加え、一人残らず殺しました。私はホテルの窓から人がまるでアリのように倒れていく姿を見つめました。

その後も銃撃戦は続きました。それでもまだ自分が反乱軍の人質になっているという実感を持てなかった私は、ただただ、夜になると砲撃の弾がブルーの筋を描いて飛び交うさまを、何か美しいものでも見るように眺めていました。

細井さんはというと、ホテルと道をはさんだ反対側に毎日やってきては銃撃戦を観戦し、その様子を一つ一つ電話で報告してくれました。しかし、「反乱軍はすぐに鎮圧される」という細井さんの予想を裏切り、銃撃戦はますます激しくなっていきました。

そしてついに、反乱軍がホテルの中に逃げ込んできて立てこもり、徹底抗戦の策をとったのです。

日本人170人を含む約600人の宿泊客が人質とされました。私たちは、地下の廊下や駐車場に移動させられました。電気が止められました。まもなく、ホテルの食料が底をつき始めました。ホテルの従業員が集団で脱走したとニュースが流れました。コックも大勢逃げてしまい、食事はライスだけになりました。「今日は特別にケーキがオカズにつきます」という場内アナウンスが流れたこともありました。

それでも私は意外と元気でした。でも、ホテルに軟禁されて6日目を過ぎた頃から、だんだんと精神的におかしく、不眠症になっていきました。もっとも強い打撃となったのは、電話を切られたことです。今のように携帯電話もインターネットも発達していなかった時代のこと、電話が外部と連絡をとれる唯一の手段だったのです。

それでも2日間は持ちました。本当におかしくなったのは、「政府軍と反乱軍の間で停戦が成立した」とホテルの人間が告げた直後に、銃声が激しくなったときです。おかしくなったのは私ばかりではありません。隣の部屋の白人は、頭にタオルを巻き、すべての荷物を背負って、廊下を端から端へわめきながら歩き続けていました。

翌日、政府は反乱軍側とマカティ地区全域の一時停戦に合意しました。やがて白旗を掲げたバスが来て、救出されました。私は、発狂をなんとか免れました。救出のバスを見たとたん、大声で泣き叫び、狂乱状態になった宿泊客は多くいました。

私は「もっとも早く救出された日本人」としてNHKをはじめ日本の多くのテレビ局のインタビューを受け、やつれた顔が日本中のお茶の間のテレビに映し出されたのでした。「フィリピンはこりごり。二度と来るものか」と軟禁中さんざん考えたのです。ですが、人質事件から1年半が過ぎたころ、私はやっぱりフィリピンが恋しくなり、旅立ちました。

マニラ上空にくると、大型の暴風雨がマニラ付近に接近しているのかと思うほど、急に空が暗黒になりました。飛行機は30分も上空を旋回したのち、黒煙を巻き上げながら着陸しました。何ごとかと思ったら、ピナトゥボ山の大噴火に、私は上空で遭遇していたのでした。その噴火の規模と激しさは20世紀最大級。東京ドーム5000杯分もの泥流が流れ、16の村がうずもれ、犠牲者は数えきれないほどの数になったと報告されています。

本当の「平等主義」は原始的な社会にこそある、と思う

パプアニューギニアも大好きな国です。熱帯病の調査の他にも、ジャングルで木材採取をしている日本人の健康管理のために、年に1度訪問していた時期があります。

その都度、ニューギニア高地人と接触して、何とか彼らの調査ができないかと試みました。しかし、彼らは移動型狩猟採集民族のため、継続的・経年的な調査結果を得ることができませんでした。

興味深いのは、ニューギニア高地人の家族構成は、完全な母系制だったことです。母方の血筋によって、家族や血縁集団を組織しています。小屋には母子だけが住んでいて、男たちは別に集団をつくって生活していました。

自然豊かなニューギニア島といえば、極楽鳥の求愛ダンスが有名です。

それに負けないくらい、男たちの求愛行動もおもしろいものでした。パプアニューギニアの国章には、戦士の象徴として槍が描かれています。実際、男たちはそれぞれ50センチ

くらいの細長い棒を持っていて、棒の先の槍には自分のイニシャルが彫られています。

夜になると男たちは、それぞれ目当ての女性がいる小屋に行き、その棒を名刺代わりに小屋のすき間から差し込みます。女性が棒を引っ張ればＯＫのサインで、小屋に入れてもらえます。棒を押し出されると拒否されたことになり、男はあきらめて次の小屋へ行って、同じことをくり返します。

彼らのセックスは「夜這い」だけではありません。狩猟採集とともに焼き畑農業もしていて、農作業の合間、ブッシュの陰でセックスをしています。ブッシュとは、深く生い茂った草木の茂みのこと。私は何度もその場に出くわしました。

だから、一人の女性から生まれた子どもは、ほとんど父親が違うのです。日本とはまったく異なる母系社会ですが、何事もうまくいっているようでした。私が滞在中に見ていた限りでは、男女のイザコザはまったく起こっていませんでした。

男たちが採集した動物の肉は、集団内で均等に配られていました。そのため、食物の大きさなどを不満として家族間のケンカが起こることもないのです。結婚という束縛も執着もないので男女の営みも自由です。子どもたちは、みんなでおおらかに育てていました。

そんな原始的な平等主義以上に私を驚かせたのは、彼らのウンコにまつわる文化です。ニューギニアのある民族は特大級の立派なウンコをしています。日本人のウンコの大きさは、平均して200グラムほど。バナナ1本がだいたい100グラムですから、バナナ2本分の大きさが日本人のウンコのスタンダードといったところでしょう。

一方、ニューギニアのある民族は、1日に700グラム以上のウンコをします。そこには、食物繊維ばかりでなく、動物の毛や昆虫の脚まで含まれていました。

この民族は、ブッシュの中でウンコをします。ですから、彼らのウンコを採集するためには、ブッシュの中に入らなければなりません。すると彼らのセックスシーンに遭遇してしまう、ということになるのでした。

しかも、この民族には、女性がウンコをする姿を男性に見られてしまったら、その彼と必ず性的関係を結ばなければならない、という決まりごとがあるようでした。それほど、排泄の姿を見せることは親密になる、という意味があるのでしょう。あるとき、私の弟子が茂みの中で、現地の女性の排泄場面に出くわしました。彼はその女性にしつこく追いかけられるはめになりました。このブッシュには、日本の会社から木材伐採に来ている人たちがいました。その中の一人も、私の弟子と同じように、女性の排泄場面に遭遇しました。彼は彼女の申し出に応じて行為に及びました。

結果、大変な騒ぎになりました。彼女は翌朝、「私は日本人とセックスしました！」と大きく書いた旗を掲げて、部落中を走り回ったのです。外国人の精子をもらうことは、新しい血を自分たちの民族にくみ入れるという名誉ある行動であり、彼女はうれしくてそれを部落中に知らせたのです。彼女の快挙さえも部落内で平等にわかちあっていたのでした。

このように食糧であれ喜びであれ、狩猟採集民族はなんでも部族内で平等に分配します。遊牧民族も、その日獲れた食品を平等にわけあって食べています。そこには階層意識がほとんどなく、平等に働き、平等に食べます。

ちなみに、狩猟採集民族が食物を得るために費やす時間は、成人労働者一人当たり平均3時間から4時間といいます。生きるだけの食物を採取できれば残り時間は自由なので、心の病とは無縁で、精神的には豊かな生活を送っています。

一方、農耕民族のコミュニティも、最初は小規模で自由度の高いものでした。しかし、人間の欲望とともに規模も膨れ、さらに大きくしようと他者の縄張りにまで侵略を起こし、ついには戦争を生み出しました。コミュニティの中でもそれぞれ役割が違ってきて、支配する者と支配される者、老若男女の差別も生じました。農業の発達により、飢えから解放されて余裕ができると、今度は文明の利器を発明し、生活を豊かに便利にしていきました。

しかし、今そこに生きる私たちは、便利な道具に振り回され、時間に追われる生活を強いられています。しかも、社会には葛藤や不満、不安などがはびこっています。私はおおらかな人々の営みの中で、平等とは何か、自由とは何かと頭をめぐらせたのでした。

ツナ缶一つで原始的生活の秩序は壊れてしまった

ニューギニアの高地人に文明社会の人間が最初に接触したのは、1938年6月23日という記録が残っています。ちょうど私が生まれる前の年のことです。つまり、文明社会と接してからまだ100年もたっていません。

私が若い時期にさまざまな民族と接した時点では、彼らは食事に調味料を使っておらず、アルコールの味を知っている人もまだいませんでした。

パプアニューギニアの民族の間では、ステータスシンボルは生きたブタでした。ブタを何頭所有しているかで、部族の貧富の差が示されていました。祭りでは、ブタを丸焼きにして祝います。その際にも調味料を使わず、素材の味だけで食べていました。

ある部族と接触したとき、彼らの持っている槍や、女性がつけている装飾品などが独特のデザインですばらしくて感激し、ぜひ手に入れて日本に持ち帰りたい、とただ単純に思いました。そこで、恐る恐る彼らに近づき、身振り手振りでなんとか意思を伝えました。

見返りとして、ツナの缶詰やビールを手渡しました。

すると、大変なことが起こってしまったのです。

彼らは、それまで味つけされたものを食べたことがありませんでした。ツナの缶詰を食べた人は、その塩味を忘れられなくなってしまったようです。ある男は、部族内で平等に分配された動物の肉を食べないで私たちに差し出し、交換で得たツナの缶詰を、みなに知られないようこっそり食べていました。私たちのせいで調味料の味を知ってしまったニューギニア高地人の間で、混乱が起こり始めました。

混乱をさらに助長したのはビールです。アルコールの味を一度覚えた人は、ビールをみなへ平等に配ることなく、独り占めして浴びるように飲みました。そして、アルコールが不足するたびに、日本人が住む地域に現れ、脅かしたり暴れたりしてビールを催促しました。木材を横たえて日本人の車を止めたり、止めた車に乗り込んでハンドルを奪い、ものすごいスピードでバックして草むらに突っ込んでしまったり、どうにも手に負えなくなってしまったのです。

私たちが、何も考えずに自分たちの文明をひけらかしてしまった結果のことでした。彼らの社会秩序を乱すきっかけをつくり、混乱を引き起こしてしまったのです。

私はおおいに反省し、その後、彼らとの接触を完全にやめたのでした。

貧乏だからこそできる稀有な経験もある

私は研究調査のために海外で長く生活しましたが、苦労したのが言葉です。

米国テキサス大学でのリサーチフェロー時代には、学生に向けて講義もしなければいけませんでした。私は英語が苦手で、発音もなっていなかったので、「ノー、クエスチョン！」と、質問をいっさい受けつけないで毎回の講義を乗り切りました。講義の前日に内容をノートにびっしり書き込み、講義ではそれを棒読みの英語で読み上げることに徹したのです。

学生はみな苦笑いをしながらも、最後まで講義を聞いてくれました。それでも私は、「テキサス英語は聞きとりにくくてわかりにくい」などとうそぶいていました。

こんな私でもアメリカで2年以上も過ごせたのですから、言葉はあまりできなくても、海外では何とか生きていけることは保証します。

もう一つ苦労したのが、車でした。

自分でいうのもなんですが、私はケチです。テキサスでも、新車はおろか、中古車さえ買うのを渋っていました。あるとき、日本に帰国することになった大学の先生が、格安で車をゆずろうといってくれました。ビュイックの大きな車で、すでに前後にぶつけたあとが3つも4つもありました。それでも安いからと買って気づいたのですが、ラジエーターに穴があいていて、水漏れをしていました。それまでほとんど運転したことのない私が、いきなりボロ車に乗ることになったのです。

今だからいえますが、この車に乗った初日に、駐車場にあった車10台くらいにぶつけてしまいました。私は怖くなって、一目散に逃げました。私の車はすでにでこぼこだったのでかまわないのですが、10台の車はみな新車のようにきれいでした。

少し運転に慣れてきたので、ダラスのダウンタウンを走ってみました。すると、いきなり正面から車が向かってきました。いつの間にか右と左がわからなくなって、反対車線を走っていたのです。正面衝突はかろうじて避けられましたが、相手の黒人にひどく怒鳴られました。どうやら私をこっぴどくののしっているようでしたが、さっぱり理解できなかったので、少しも怖くありませんでした。

テキサス大学にいたとき、一度だけ家族旅行をしました。ジャズが好きな私がどうしても行きたかったのはニューオリンズでした。遠出をするならニューオリンズと決めていました。出発にあたりタンクを10個買ってきて水を入れ、それを車の後ろに乗せて、水がこぼれないようにゆっくり車を走らせました。ラジエーターが空になるたびにタンクの水を補充し、その水がなくなるとガソリンスタンドで、ガソリンではなく水を補給しました。そんなボロ車でミシシッピ川を渡るとき、ノロノロ走っていたので、何十台もの車に追い越されました。「おかげでミシシッピ川をゆっくり見ることができるね」と、妻とまだ幼かった娘に喜んで見せました。

朝4時にダラスにある自宅を出発し、ニューオリンズに着いたときにはすでに夜。ダウンタウンの道端に車を止め、3人でまわりの店を眺めていると、いきなり女の脚が窓から飛び出してきました。女性がブランコに乗って、窓から脚を出したり引っ込めたりしていたのです。私は興奮してすぐその店に入りました。

店では大好きなディキシーランドジャズも聴けたし、女性の脚も十分に観察できました。妻と娘は、レモンを搾ったカキをおいしそうにほお張っていました。みんなで満足して戻ると、停めたはずの車が見当たりません。あたりの人に尋ねましたが、相手が何をいっているのか理解できません。やっとのことで車がレッカーされたことを知り、車が留置されているという警察署まで、娘を背負いながら夜道をとぼとぼと1時間も歩きました。

警察署で話を聞くと、どうやら私が車を停めたところは消火栓の位置で、駐車禁止の場所だったようです。警察官は「罰金を払わなければ車は返さない」といっているようでしたが、さっぱり意味がわからないという顔をして、タダで車を返してもらいました。

海外で言葉がわからないというのは、都合のよいことも多いものです。

ただ、自宅のあるダラスとニューオリンズをボロ車で往復する旅は、さすがに疲れました。アパートにたどり着くと、私たちは倒れるように眠りに落ちました。

翌朝起きると、アパートの前には大勢の人たちが群がっています。わが家の隣に住んでいた美しくて親切な30代の女性が殺害されたというのです。右も左もわからない異国の地で、私たちは彼女にとてもお世話になっていました。彼女には5歳の息子がいました。そういえば、深夜に「ギャーッ」という子どもの泣き叫ぶ声が聞こえたように思うのですが、疲れ果てていた私はそれを無視して眠り続けてしまっていたのです。

犯人は、私たちがダラスに住んでいる間には捕まりませんでした。アパートの住人は怖がって全員引っ越しました。でも、私たち家族だけは引っ越しませんでした。テキサス大学からは年俸が支払われていましたが、ダラスでの生活費と帰国のための飛行機代を考えると、引っ越し資金が心配だったからです。

結局、私たちは毎晩恐怖に震えながらダラスを離れる最後の日までそのアパートに住み続けたのでした。

貧乏とは、人がなかなかできない、思いもしない経験も呼び込むようです。

流れるまま、目の前に集中すれば人生おもしろい

大学院時代、私は担当教授にとても嫌われていて、「大学院終了後1年間は助手としていさせてあげるが、それからあとはまったく関与しない。自分で好きなところに行くように」と冷たくいわれていました。

インドネシアでの生活が、私の性格やふるまいを大きく変えていたからです。以前は、担当教授に気を遣い、よく思われようと努力していました。教授が残っていると、用もないのに実験するふりをしてじっと残っていました。そんな私を教授はとてもかわいがってくれました。しかし、インドネシアから帰国した私は、教授がいようといまいと、用があるときだけ研究室にいて、実験が終われば好きなときに帰るようになっていました。あるがままの自分を貫いていたら、私はいっぺんに教授に嫌われてしまったのです。

「まあ、南の島の無医村の医者にならなれるかな」と覚悟を決めていたときに、テキサス大学から「お前を雇ってもいい」と通知がきました。私は大学院で寄生虫の抗原を精

製することに成功し、論文も発表していました。その論文を海外の雑誌で見たテキサス大学のフィンケルシュタイン教授が、「コレラ毒素の精製の仕事に私が使えるのではないか」と思ったそうです。私にとっては「渡りに船」の話でした。

フィンケルシュタイン教授はユダヤ出身で、研究には非常にアクティブでした。彼はインドやバングラデシュのフィールドワーク経験者で、WHO（世界保健機構）とも太いつながりがあり、研究費をそこから相当にもらっていました。

インドやバングラデシュで当時問題になっていたのは、コレラのパンデミック（世界的大流行）でした。コレラの予防接種はまだ有効なものができていなかったので、教授はそれを開発して一儲けしようともくろんでいました。

コレラの予防接種をつくるには、コレラ菌毒素の構造や人体への作用機序を明らかにする必要がありました。私に任されたのは、コレラ菌毒素の精製と作用機序の解明でした。毎日毎日、ネズミのしっぽに毒素を注射したり、ネズミの皮膚に毒素を植えつけたりする実験が続きました。あるときなど、一日中1000匹ものネズミのしっぽの静脈に、コレラ毒素を注射し続けました。家に帰る夕方になると、ネズミにかけた麻酔の影響でベロベロに酔っぱらっていました。その状態でラジエーターの壊れた例のボロ車で帰るので、相当な蛇行運転をしていたようです。よく警察に止められました。このときも言葉が通じないので、面倒になった警察官はすぐに解放してくれました。

そんなネズミの実験のおかげで、私はテキサス大学でネズミのしっぽの注射がもっともうまい名手として有名になりました。

あるとき、コレラ毒素を注射したネズミの皮膚から、黒々とした毛が生えてきたのを発見しました。早速、ボスのフィンケルシュタイン教授に、「コレラ毒素は発毛作用があるようです。商品化すれば、すごくもうかるかもしれない」と進言しました。もうけ話の大好きなボスは身を乗り出し、「よし！　俺の頭を使え！」といいました。ボスの頭はハゲていたからです。

善は急げとばかりにコレラ毒素をコレラ菌から分離し、ボスの頭に注射しました。ところが急ぎ過ぎたせいで、10倍近い毒素を注射してしまいました。教授の頭はみるみる膨れ上がり、真っ赤に腫れ、ひどい発熱で寝込んでしまったのです。死ぬほど痛いと、ボスは嘆きました。結果は、黒々とした毛がたしかに生えはしたのですが、3〜4本だけ。痛くてどうにも使えたものじゃない、というのがボスの結論でした。

コレラ毒素から毛生え薬を開発する実験は見事に失敗しました。ですが、コレラ毒素を変性してコレラワクチンをつくる仕事は結構うまくいきました。新しいワクチンの開発のめどがついたので、毛生え薬の実験でひどい目にあったボスの機嫌は、意外と上々でした。

一方、コレラ毒素の精製の研究では、マイナス10度の超低温室に入って毎日2時間以上も実験を続けていましたが、コレラ毒素を純粋な結晶としてとり出すことには、まだ成功していませんでした。それまでうまくいかなかった精製の研究を、私と大学院生のウィルソン君が引きついでいたのでした。

そこで私は、自分が大学院時代に成功していた寄生虫抗原の精製方法を、ここで応用してみました。すると、世界で初めて、コレラ毒素を単一の純粋物質として結晶化することに成功したのです。テキサス大学に行ってから10か月ほどが過ぎたころでした。ウィルソン君と抱きあって喜んだことを、今もはっきりと覚えています。このことを早速ボスに報告しました。ボスは低温室にすっとんで来て、コレラ毒素の結晶を見つめました。そのときのボスの顔は歓喜に満ちていて、彼の様子も忘れられないものとなりました。

世界で初めてコレラ毒素の精製に成功したのは、私とウィルソン君の2人です。しかし、そのことを発表した有名な国際雑誌の論文のトップには、堂々とフィンケルシュタイン教授の名前が掲げられていました。こうしてコレラ毒素を世界で初めて結晶化するという世界的な偉業は、教授のものとなったのでした。

それでもアメリカでの研究生活は自由で、私には楽しいものでした。ボスの頭を使って毛生え薬の実験をするなんて、日本の大学では考えられないことですから。

アメリカ生活2年目にさしかかろうとしたとき、順天堂大学と帝京大学からあいついで助教授就任の要請がきました。当時、日本全国では大学の医学部や医科大学が急に増えて、医学部の教員スタッフが足りなくなっていました。私は順天堂大学の助教授を選んで就職することにしました。東大でつまはじきにされて教授職に就く見込みがなくなっていたところが、運よくそんな流れに乗れたのです。32歳のときでした。

ところが、私を助教授に推薦した教授は、テキサス帰りの私を見て、教授会で自分が袋叩きにされないかと心配したそうです。私が、大型の緑のブレザーに下は紺色のジーンズ、真っ赤な太いネクタイを締め、靴は白というド派手な格好で現れたからです。見栄っ張りで下品で軽薄なアメリカかぶれの若造がやってきた、と一目で後悔したとのことでした。

しかし私は、見栄っ張りではありません。貧乏だったから、日本のスーツが高価で買えなかっただけのことです。また、ケチではありますが、ドケチではありません。自分の見栄にはまったくお金をかけないけれど、寄生虫やウンコの研究など、「ここだ！」と思ったところには投資します。見栄を張らず、華やかな結果より自分の好奇心を優先し、普段はケチでもお金は使うところに使うという性格でなければ、人の嫌がるキタナクてカッコ悪い研究を生涯続けることはできなかった、と自分では思うのです。

第3章

苦しいときほど「下」を向いて生きればいい

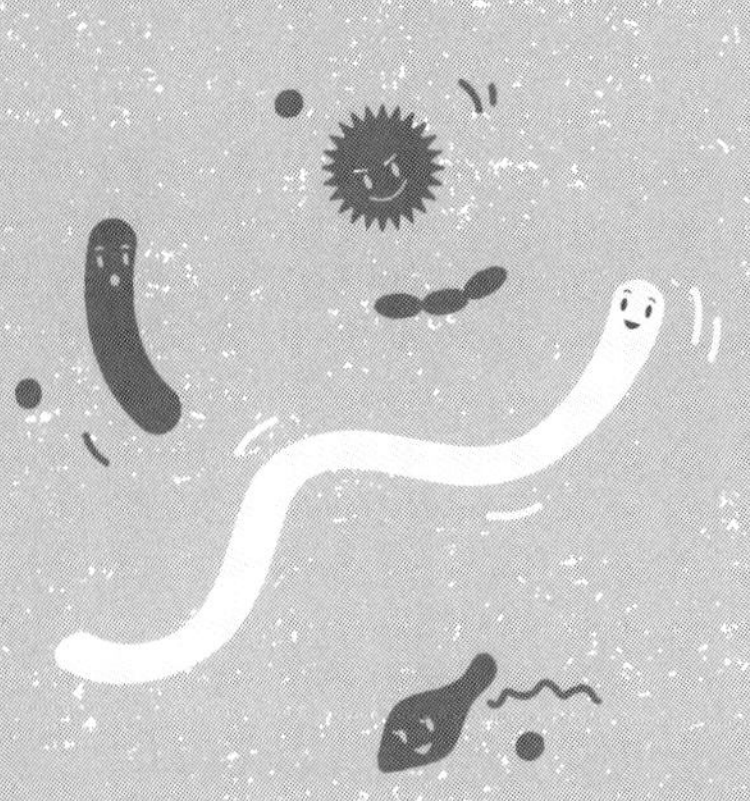

どん底に突き落とされたとき救ってくれたのは、人の優しさだった

「ここが人生のどん底だ」と、苦しみながら生きる経験を持つ人は多いでしょう。私も何回もありました。その最大にして最悪のどん底に、2014年3月、突然にも私は突き落とされました。

『「プロポリス、ガンに効く」藤田名誉教授を書類送検』

この見出しが、新聞やネットのニュースに駆けめぐったのです。

私が顧問をしていた健康食品会社の社長が薬事法違反容疑で逮捕され、私が社長のプロポリス販売を手助けした疑いがあるという内容で、書類送検されたのでした。

そののち、弁護士の協力を得て検察庁に上申し、不起訴になりました。つまり、「罪はない」と認められたのです。ですが、この間、私を襲った打撃は大変なものでした。

神奈川県警と検察庁に何度も呼ばれ、そのたびに数時間にわたる取り調べを受けました。同じことをくり返す厳しい質疑、指紋採取と、まるで犯罪者であるかのような扱いを受け

たのです。

鬱々とした毎日が続き、胸が苦しくなりました。何よりつらかったのは、周囲の目つきがそれまでと一変したことです。

書類送検は有罪判決という意味ではありません。それなのに、世間も私を犯罪者と批判するようになったのです。

研究室の電話は鳴り続け、まったく知らない人からも「死んでしまえ」「金を返せ」「ウソつき」「詐欺師」などと罵倒の言葉を受けました。長く助けあってきたつもりの会社の社長から、「なんでそんなことをしたんだ！」と一方的に怒られたりもしました。

毎日、息をつく暇もないほど埋まっていたスケジュールも、次々にキャンセルとなり、スケジュール帳には「×」の印が増えていきました。

神奈川県警で何度目かの取り調べを受けたある日、すっかり日が暮れた真冬の横浜港を横目に、日本大通りから横浜駅へと向かう地下鉄に乗りました。家路を急ぐ人々の雑踏に紛れて、横浜駅の改札を通ったそのときでした。

「今まで自分が一生懸命にやってきたことはなんだったのだろう。人に喜んでもらうのがうれしくて生きがいとしてきたのに、74歳にもなって犯罪者扱いを受けているのはなぜなのだろう。ただただ、がんばってきただけだったのに……」

どこかで生き方を間違ってしまったのか。そう思ったとたんに、突如として涙があふれてきたのです。年甲斐もなく、人目もはばからずに駅の真ん中で泣いてしまいました。

今もインターネットなどで私の名前を検索すると、当時のことが出てきます。悪い人間のように書かれている記事もあるようです。

警察は私に非がなかったことを認め、不起訴になりました。ですが、そのことはいっさい報道されませんでした。悪いニュースはすぐさま報道するのに、訂正する報道はまるでしてくれないのです。

私は「プロポリス」という蜂の巣から採取される成分を集めた健康食品を、50代のころから愛飲していました。ドイツなど海外では医薬品として承認しているところもあり、健康食品では信頼感があったのと、私自身、それを服用していて免疫が上がり風邪を引きにくくなったと感じられたため、周囲の人に勧めることがありました。

そのタイミングと重なるようにプロポリス販売の会社から、自社発行している冊子へ健康情報コラムの寄稿を頼まれました。私が自分自身でもプロポリスを長く服用していたこともあり、論文などの情報をさまざまに集めていました。そのなかから、正確かつ読者のためになる情報を伝えたいと考えて、コラムを4年間執筆していました。そうしたコラムによって、薬事法違反ほう助の疑いをかけられることになったのです。

思えば、今までたくさんの文章を書きながら、細かな表現がどうこうというのは、あまり気にしてきませんでした。私のつたない文章のせいで、健康食品に含まれた成分に、奇跡のような効能があると読者に思わせてしまったのだとしたら、本当に申し訳ないと、自責の念にかられて苦しみました。

そうして落ち込んでいたときです。以前から顧問をしていた健康食品会社の社長がわざわざ訪ねてくれて、「私の会社には薬事法に詳しい役員も弁護士もいます。困ったときには、いつでも相談してください」と激励してくれたのです。

遠方から飛んできて、ショックから何も食べられなかった私に栄養たっぷりの料理をご馳走してくれた人もいました。

「私は藤田先生を信じているし、守ります」と応援してくれた人もいました。「突然のことでびっくりしたが、故意でするような人ではない」『先生の研究内容は揺るぎないもので、業界への功績は変わらない」という声も上がり出しました。

事件によって、それまで信じていた人たちが急に離れていきました。しかし一方で、結びつきが強くなった人もいました。どん底に落ち、世間にそっぽを向かれても、大勢の人が離れていっても、寄り添い続けてくれる人はいるものです。「本物の人」に出会うというのはこういうことかと、どん底の中で光を見ることができたのでした。

生きる原点は「下」にある。つらいときほど「下」を見ればいい

この事件後、私をとりまく状況は激変しました。

これまで毎日のように全国を回り続けていた講演会は4分の3がキャンセルになりました。勤めていた大学も退官し、私が参画していた医療サポートシステムの会社にも、しばらくはかかわれなくなりました。書類送検の報道があったことで、今まで長くかかって築き上げてきたものが、いっきに崩れ落ちていくようでした。

私は自分の仕事が心から好きでした。悪くいえば「ワーカホリック(仕事中毒)」だったのでしょう。「変な研究をしている」といわれても自信を持って、くじけず順風満帆な人生を生きている、とも思っていました。それが世間から犯罪者扱いされたことで、自分の進むべき方向がわからなくなってしまったのです。

単純な事務仕事をしている間でも、いつまでも事件のことばかり考えてしまいます。自分をうつ病とはもっとも縁遠い人間と思っていたのに、うつ状態にも陥りました。

そんなある日、古くからの友人が突然訪ねてきて、何も話さずに封筒を置くなり、すぐに帰っていきました。彼が持ってきた封筒を恐る恐る開けてみると、その中に入っていたのは、ＡＶ監督の村西とおるさんのインタビュー記事でした。

「こんな大変なときに、よりにもよってふざけた記事を持ってきて……」

村西さんには悪いですが、正直、ため息まじりにつぶやきました。

多くの方がご存じのとおり、村西とおるさんは昭和のエロ事師として、人間の欲望ロマンを常に追い求めてきた方です。前人未踏のエロへの探求を続け、その人並外れた絶倫的創作欲が法に触れること前科7犯、米国では連邦裁判所から懲役370年を求刑され、ハワイの留置所に長いこと拘留されたこともあるそうです。バブル時代を通り抜けてきた一時期の彼は、年商100億円くらい稼いでいたそうですが、度重なるトラブルから、結果、50億円の借金を背負ってしまったのです。最近は、彼をモデルにしたドラマがインターネットで配信されていて、とても人気と聞いています。

このインタビュー記事からも、村西さんがどん底の艱難辛苦《かんなんしんく》をなめ尽くしたあとでも、虚心坦懐、虎視眈々とわが道を歩んでいることが、よくわかりました。

記事を読み終え、村西さんの生き様に深く感動しました。何よりもうれしかったのは、私を元気にしてくれる言葉を彼が語っていたことです。

「死んでしまいたいときには下を見ろ、俺がいる」

この言葉には、ガツンと目を覚まされたような思いがしました。

村西さんのところには、会社が倒産して何千万円と借金を抱え、

「私の人生、これでおしまいです」

と相談に来る人が多いそうです。そんなとき、村西さんは、

「あなたの借金はおいくらですか？　私は50億です」

「あなたには前科がありますか？　私は前科7犯です」

「あなたは妻とのセックスを世間に公開していますか？　私はすべてを日本全国のみなさんにお見せしたうえでの倒産です」

と語るそうです。

すると、悲壮感に打ちひしがれて今にも死んでしまいそうだった人が、「俺のほうがましだ」と胸を張って元気になって帰っていくとのことでした。

私も今回の事件で不起訴となったあとも、クヨクヨと悩み続け、もう死んでしまったほうが楽になれるのではと考えてしまうこともありました。こんな私のことを知ったなら、きっと村西さんは軽蔑するだろうと思ったのです。

そうして気づいたことがあります。私の原点とは、「上」ではなく「下」に存在してい

たのだ、ということです。

たとえば草や木が、風が吹いても雨が降っても倒れないのは、地中深くに根を張っているからです。根っこそが生命の根幹で、生きる土台です。人間も同じでしょう。いちばん大事なのは人生を力強く支えてくれる軸で、誰に褒められなくても、誰が見ていなくても、生きる軸を根っことして深く太く伸ばしていければそれでよいのです。

ですが、私たちはつい、花の美しさばかりに目を奪われます。果実の価値ばかりを問題にします。いつしか「人にどう思われているのか」が大事になって、成功している人、有名な人、出世をした人、人気者の人、お金持ちになった人をうらやましく思ってしまうのです。

私も、多忙な生活に追われるあまり、自分の根っこを見なくなっていました。そうして、花や果実の華やかな部分ばかり追っていたのかもしれません。そこに思い至ったとき、どん底に落ちた自分の境遇をようやく受け入れられました。

人は「上を向いて生きよう」といいます。でも、上ばかりを見て生きるのは疲れるし、ときとして道を間違えさせます。

つらいときほど「下」を見ましょう。視点を下に向ければ、自分の原点や軸が見定まり、何としてでも生きていけるはずです。

人は簡単に死ぬ。ならば、好奇心の赴くままに生きたい

私の原点は、やはりインドネシアにあるように思います。

眠れない夜、50年以上前に初めて降り立ったインドネシアの熱い地を思い出します。あの国で過ごした日々が懐かしく、まるで昨日のことのように目に浮かびます。

無邪気に川で遊ぶ子どもたち。悪気なく小金をせしめる大人。日陰で気持ちよさそうに昼寝をするタクシー運転手。夕日に輝くライステラス（棚田）。陽炎に浮かぶ遺跡の数々。目に飛び込んでくる原色の花々。こぼれ落ちそうに熟したおいしそうな果物……。

私の人間性を培ってくれたのは、多様性に富んだインドネシアだったと思います。

人と考え方がまるで違っていたとしても「よし」とするインドネシアでは、たとえだまされても、思いどおりにことが運ばなくても、時間がゆっくりと過ぎ、「きっと次にはよいことが待っているよ」と声をかけてくれる人がいます。

事件後、「リトリート」という言葉をよく思いました。ヨガなどで静養や療養のために

開催される合宿を指すことが多いのですが、本来の「retreat」の意味は、「仕事や家庭などの日常生活を離れ、自分だけの時間や人間関係に浸る場所」というものです。

「インドネシアでリトリートをして、自分と向きあう時間をつくりたい」と何度も思いました。しかし実際は、さまざまな事後処理があり、インドネシアへのリトリートは叶いませんでした。

私はいつの間にか、打たれ弱い人間になっていたことを思い知りました。しかし、原点を振り返ってみれば、好奇心が赴くままに研究を続け、「変わり者」「トンデモ博士」と悪口をいわれても、あまり気にしない自分がいました。私はいつだって好奇心の赴くままに生きてきたのです。どうしてそんなふうに生きてきたのかと考えたとき、ふと人生の棚卸しをしたくなりました。幼少期の自分を思い起こすことで、自分と向きあい、もう一歩進んだリトリートをしたくなったのです。

私は、1939年に中国の満州で生まれ、4歳まで軍の宿舎で過ごしました。父が陸軍の軍医をしていたためです。日本の陸軍は、早くから日本が負けるとわかっていたと思います。父は家族を日本に戻すよう極秘に工作し、母と私と3歳下の弟、それに女中をしていた朝鮮人のスナさんの4人をこっそり脱出させました。

太平洋戦争のさなかの脱出でしたから、幼かった私はひどい栄養失調になり、発熱や脱水症状で何度か死にかけました。それでも私たちは東京の赤羽を目指しました。母方の祖父が譲ってくれた家があったからです。ところが、その家には見知らぬ人たちが住み着いていました。母が強く抗議しましたが、彼らは出ていきません。なんとか家の半分を明け渡してもらいましたが、彼らには大変な意地悪をされました。

とくに困ったのがトイレです。１つしかないトイレを、彼らは朝の4時から占拠します。私と弟はがまんできず、何度も庭でウンコをしました。

しかも、毎日のように警戒警報が鳴ります。そのたびに防空頭巾をかぶり、畳の下に掘っただけの防空壕にもぐり込みました。私たちが東京で暮らし始めた時期は、空襲の目的が、軍事施設への攻撃から、市民の生活の場である、木造家屋が密集した下町を焼き払うことへと変わった頃でした。

１９４５年3月9日、３００機以上のＢ29が東京の上空に襲来しました。夜10時半、ラジオ放送が中断し、警戒警報が発令。９日から10日に日付が変わった直後、爆撃が始まりました。次々に焼夷弾が落とされ、街はまたたく間に燃え上がりました。

Ｂ29はすぐ真上を飛び、焼夷弾を次々と落としていきます。死体がいたるところに散乱しました。燃え盛る炎の中を、私たちは死体を飛び超えながら逃げ、懸命に走りました。荒川にたどり着くと、日本軍の兵隊から「焼け死なないよう川に入れ！」と指示を受けました。この晩は凍えるように寒く、川に入る気にはとてもなれません。母は「川口に親戚がいるので、どうしてもそこに行きたい」と兵隊の指示を押し切り、荒川大橋を私の手を引いて進みました。女中のスナさんは、弟を抱きかかえて走りました。

背後から「戻れ！　橋は爆撃の標的になるぞ！」という声が聞こえてきました。それでも、私たちは真っすぐに伸びた荒川大橋を一目散に走りました。橋には誰もいません。行く手には恐怖しかなかったことをよく覚えています。

川口側へ渡り切ったときです。戦闘機が1機、轟音を立て、荒川に墜落しました。日本軍のものともアメリカ軍のものともわかりません。機体からガソリンがもれ、そこに火がつき、パッと川面が明るく照らされ、一瞬で火の海と化しました。川に避難した人たちがいっぺんに焼け死んでいくことがわかりました。大勢の死体の焼け焦げる臭いが辺り一面に充満し、橋のたもとで震える私たちのところにまで届いてきたのでした。

街も空も川も、すべてが真っ赤にゆらぐ火の中にあるようでした。猛火から噴き出す熱風は、私たちの髪や服にも火をつけます。息をするだけで、喉が焼けそうでした。

このとき私は5歳半。「もうこのまま死んでもいい」と思いながら、母に手を引かれながらひたすら走った経験は、「人は簡単に死ぬ」「それならば、何をやって生きても同じ」という死生観を私に強烈に植えつけたのだと思います。

親父の背中には、「無責任」「いい加減」の文字しかなかった

赤羽の家は奇跡的に焼け残りました。そこに先に住み着いていた人たちも無事でした。だから、あいかわらず家の中は窮屈で、トイレも自由に使えませんでした。まわりは焦土と化し、そこで長く暮らせる気もしませんでした。

そんなとき、ハルビンの父から「愛媛県大三島《おおみしま》の生家に疎開するように」と電報が届きました。長い列車の旅の果てにたどり着いた父の生家は、誰も住んでいない空き家でした。父が不在でしたから、村の人にとって私たちは見知らぬよそ者で、冷たい扱いを受けました。そのため、たちまち食べものに困ってしまいました。

母はお嬢さま育ちでしたが、芯の強い女性で、スナさんと一緒に荒れた土地を耕し、畑をつくりました。私と弟は、山に入って落ちたミカンやドングリなどの木の実を集めて食料にしていました。でも、ドングリを食べすぎるとひどい便秘になり、苦しくてよく泣いたものです。

1945年8月6日、私は誕生日を迎え、6歳になりました。その日も山に登り、食料を探しました。遠く離れた地に、大きくて不思議なキノコ雲が見えました。それが広島に投下された原爆によるキノコ雲とは知らないまま、終戦を迎えました。母は、ラジオから流れる天皇陛下の言葉に泣き崩れました。

追い討ちをかけるように、復員省から父が行方不明との通知が届きました。敗戦と父の逃亡。母は精神的なショックで憔悴していましたが、それでも「ここでお父さんを待つ」と畑に出ては、一家が生き抜けるよう鍬《くわ》を握りました。心が空虚になっても「食べなければ生きていけない」と、芋や野菜を育てるために荒れた土地を耕し続けたのでした。

そうして1年が過ぎたころです。「三重県の国立結核療養所の副所長に決まったから、こっちに出てこい」という父からの連絡が、突然入ったのです。

私の勝手な推測ですが、父は満州で人にいえないような研究をしていたのではないだろうか、と思います。戦後処理の中で、国と父の間には、高度な政治的な取引があったのではないかと感じるのです。そうでなければ、消息不明になった挙句、突然現れたときには国立施設の副所長のポストに就いていたというのは、説明がつきません。ただ、国立施設の副所長になったわけですから、戦犯的なことには与《くみ》していなかったのだとも思います。このことに関して、父は死ぬまで語りませんでした。

その国立結核療養所は、三重県多気郡明星村の人気《ひとけ》のない原生林の中にありました。周囲5キロには塀がめぐらされ、内側に結核の患者が入院する病棟がいくつか建ち、そこで働く医者や看護師、薬剤師、その家族が住む宿舎がありました。

私は、満州での記憶がほとんどありません。だから、父の記憶はここから始まります。自分の親にこういうのもなんですが、父は本当にひどい男でした。

父は、副所長から所長になったのち、70歳まで結核療養所の所長を務めましたが、仕事そっちのけで遊んでばかりいるような男でした。療養所の敷地に勝手にコートをつくってテニスをしたり、防火用水をプールにしたりしてしまうのです。

夕方からは街に出て飲み歩く日々です。稼いだお金はほとんど自分で使っていました。ド田舎にいながら、女性との交際も華やかでした。女性で失敗すると、子どもの私が謝りに行かされ、尻ぬぐいをさせられました。本当に嫌でした。でも、父のいうことは絶対です。子どもが頭を下げて「ごめんなさい、お父さんを許してください」と手切れ金を差し出せば、女性も許さざるを得ないことを、よくわかっていたのでしょう。父は万事がそんな具合で、とても無責任な男でした。

だから、家はいつも貧乏でした。車もテレビもありません。当時、プロレスが流行していて、力道山のテレビ中継がもっとも人気がありました。試合のある夕方には、父は隣の外科医長の家に行き、テレビの真ん中に陣取ってしまいます。外科医長の奥さんが美人だったこともありますが、食事中でも夜遅くても、おかまいなしに外科医長の家に行くのです。そんな父を、母はいつも厳しく叱っていました。私も「親父は、なんでこんなにひどいんだ」と思っていました。

朝日新聞では「おやじのせなか」というシリーズが長いこと続いています。私もだいぶ以前に登場したことがあります。息子として褒めることが何一つないので、父がいかに自分勝手だったかと、赤裸々に語りました。

すると、担当編集者から「何か一つくらい褒めてください」と懇願されました。「う〜ん」と首をひねってみましたが、まるで出てきません。「それでも一言でもお父さんを褒めてください」というので、「親父のようないい加減な男も医者になれたのだから、自分もなれるだろうと思えた」と答えたように思います。

本当にひどい父でした。父の背中に偉大さはまるでなく、

「こんな無責任な親父だって医者をやれているのだから、俺だって医者にならなれるだろう」

と、ハードルをきわめて低く楽観させてくれたことだけは、私の人生においてよかったのかもしれません。

愛に恵まれず育ったら、こんな「ヘン」な性格になった

父はダメ親父でも、母が愛情深い人だったら、私はこんな変な人間になっていなかったかもしれない——。そんなことをこの歳になっても思うことがあるのですから、私はやっぱり変でしょうか。

母は、総理大臣も務めた岸信介の遠縁にあたる家の出身で、当時の女性としてはめずらしく大学を卒業していました。一言でいえばしっかり者、違ういい方をすれば、プライドの非常に高い女性でした。お嬢さま育ちの母には、身勝手な父の振る舞いが許せなかったのでしょう。だんだんヒステリックな性格になっていきました。

母は教育熱心でした。そして、私たち兄弟をあまえさせてはくれませんでした。母にハグをされ、頭をなでられ、キスをされるといったあまい記憶が一つもありません。家では標準語を使わなければならず、三重の方言を口にするとひどく叱られました。

私と弟が母の意に反することを少しでもすればお仕置きをが待っています。線香の火を

手の甲に当てられたことは何度あったでしょうか。そして、「今日はこの畳から一歩も出てはいけない」と厳しくいわれます。私たちは母が怖く、その掟を守り抜きました。トイレに行くのを除いて、一日中その畳の上に体育座りでジッとしたまま、母の許しが出るのを待つのでした。よくがまんしたな、と今では理不尽に思います。でも、少年だった私たちには、厳しくてヒステリックな母に逆らう勇気などありませんでした。

そんな具合でしたのに、困ったことに母は、食事時には私をえこひいきします。「藤田家の将来を担うのは、長男の紘一郎です」といっておかずを1品多くつけるのです。父はうらめしそうに私を見ます。1つ違いの弟は、敵意のこもった目で私をにらみました。

さらに、母は私が勉強をしていると、ラジオのボリューム全開にして野球中継を聴く父を叱りつけ、2人はけんかを始めます。そして、弟もおなかをすかせているのに、私にだけ夜食をつくるのです。一方の弟の学業には無関心。両親の愛に恵まれないなら、せめて弟と妹とは仲よくしたかったのですが、彼らの私への敵意は日に日に増していきました。

大人になって、弟は整形外科医に、妹は歯科医になり、結果的に藤田家は医系の家族になりました。3人が互いに闘争心を燃やして議論を始めると、父は「父親」ではなく「医師」の立場で話に割り込んできました。議論の結論はいつも同じ。必ず父と弟と妹の意見が一致し、私だけのけ者にされました。私は兄弟愛にも恵まれなかったのでした。

いじめられても、蔑まれても自分の味方を一つ見つけられれば、強くなれる

今、多くの人が心の病を抱えています。およそ15人に1人が、うつ病を経験していると も推計されています。私も、精神的な疾患があるのではないかと感じます。

おそらく私は、「境界性パーソナリティ障害」ではないでしょうか。

この障害には、「理想化とこきおろしとの両極端を揺れ動くことによって特徴づけられる、不安定で激しい対人関係様式」「顕著な気分反応性による感情不安定性」「慢性的な空虚感」「衝動的な自己破壊」などの特徴があるとされています。

こうした特徴を見ていると、私自身に当てはまるように感じるのです。

若いころの私は、いつも人の顔色を気にし、誰からも好かれようとしていました。ふだんは円満で優しい性格ですが、ちょっとしたきっかけで残忍、陰湿、執拗な性格に豹変することがたびたびありました。大人になってからは、「瞬間湯沸かし器」と呼ばれていたこともあります。衝動的な恋愛関係や、むちゃ食いもくり返しました。

「なんでこんな性格なのだろう」と、自分自身を持てあますこともありましたが、たとえ境界性パーソナリティ障害であったとしても、それはそれでいいと、今では思います。自分の「ヘンさ」を素直に受け止め、むしろ強みにして生きればよいとしてきたことが、私のスタイルでした。人と違っても、「それでいい」「よくがんばっている」と自分で思えれば、気持ちも軽くなるものです。

私がこうした精神状態を持つようになったのは、家庭環境に加えて、ひどくいじめられた経験も大きいのでしょう。

いじめの原因は、私が結核療養所の宿舎で暮らしていたことが一つです。

当時、結核は国民病とされ、誰でも感染し、死亡率の高い怖い病気でした。そのため、結核療養所はすべて人里離れた広大な敷地につくられ、近づく人はほとんどいませんでした。本人はもちろん、家族に患者が出ても村八分のような差別を受けた時代です。そんな時代でしたから、療養所は「恐ろしい病原菌の巣」と思われ、そこから学校に通ってくる子どもたちは、いじめられたのです。

人はいつの時代も感染症におびえ、それを差別の対象にしてきました。感染する機会はいつでも誰にでもあるのに、自分がうつりたくない一心で、患者を不当に遠ざけ、偏見の眼差しを向けます。その差別は、無邪気な子どもたちの間でこそ残酷化しがちです。

しかし、間違ってはいけないのは、どんなに感染対策をしたところで、差別したその人にも感染の機会はゼロにはならない、ということです。ウイルスや細菌は目に見えず、宿主を見つけることで仲間を増やす性質を持っている以上、体内に侵入してくるのは避けにくいためです。

でも、子どものころの私にはそれがわからず、結核療養所に住む自分がいじめられるのは、しかたがないとあきらめていました。とくに私はいじめられました。みんなが方言を使うなか標準語を話し、気の弱い性格でもあったから、いじめの対象にされやすかったのでしょう。

ただ、ひどいいじめを受けても、私は「死にたい」と思ったことがありません。

いつもメソメソと泣いて帰る私を、同じ療養所から通学する仲間たちが支えてくれたからです。みんなそれぞれがいじめられていたから、助けあうことができましたし、いじめっ子に一緒に仕返しすることもできました。

とくに弟は、わんぱく戦争の軍団長を名乗り、療養所の仲間がいじめられると、徹底してやり返していました。同じ両親のもとに育ち、母にえこひいきばかりされる兄を弟はひどく嫌っていましたが、私がいじめられているときには助け舟を出してくれました。だから私は、どんなに嫌われようとも、弟には感謝しているのです。

また、「自分がいなければ死んでしまう」と思える存在があったことも大きいでしょう。わが家では家畜を飼っていました。ニワトリ30羽の卵が日々の食卓にのぼりました。さらにウサギが10羽いました。ウサギは食べずに大きく育てて農家に売り、私の野球のグローブ代に当てました。このわが家を支えてくれている、小さき命たちの世話はいっさいが、私と弟に任されていました。

何より、私の心と体を支えてくれたのがヤギです。ヤギの乳は、私たちの栄養不足を補ってくれました。そのヤギのために、私たちは雨が降ろうが風が吹こうが、毎日、エサとなる草を集めました。ヤギにぬれた草を食べさせると死んでしまうこともあります。だから、ヤギのエサやりには、とても気を配りました。そうして一生懸命に世話をしてかわいがる私を、ヤギもとても好いてくれていました。

私が学校から帰る時間になると、私の姿もまだ見えぬうちから「メェー、メェー」と鳴いて迎えてくれるのです。いじめられてトボトボと帰ってきたとき、あの声にどれほど救われたかわかりません。

そんなヤギやニワトリ、ウサギの世話を毎日していると、自分より弱い生き物が私を支えてくれていることを実感しました。「自分が死ねば、この子たちも死んでしまう。いじめになど屈するものか」という気持ちが自然とわいてきたのです。

外でたくさん遊び回った子ほど心も免疫力もたくましくなる

結核療養所は人里離れた原生林につくられていたので、私は自然の中で育つことができました。家庭にも学校にも居場所のなかった私ですが、人生に絶望しなかったのは、自然の中で長い時間をのびのびと過ごせたことが大きかったと思います。

毎日のように森や田畑に行っては、昆虫や動物を捕まえて遊んでいました。今のように、プラスチック製のオモチャやゲーム機のない時代です。今の人の感覚では、「残忍」「気持ち悪い」といわれてしまうようなことも、おもしろがってやっていました。

たとえば、カエルの肛門に麦わらのストローを突っ込み、息を吹き込んでおなかをパンパンにさせて喜んでいました。ザリガニのはさみを切りとって川に放したり、赤とんぼの羽を切って飛ばしたり、そんな遊びに夢中でした。

田んぼではドジョウを捕まえて、生きたまま水と豆腐の入った鍋に入れ、火にかけました。湯が沸くにつれて、ドジョウが熱さに耐えきれず豆腐の中に避難しようと頭をつっこみます。その姿がおもしろく、ずっと見ていました。実験が終わったあとは、豆腐もドジョウもおやつに食べました。こうした遊びを通して、動物や昆虫の体を観察し、生態を知っていったと思います。同時に「命」や「自分の中の残忍性」を知りました。

私たち人間は、この地球上で生きているものを殺すことなしに生きてはいけない存在です。私たちは命あるものを毎日食べています。子どもには、残忍性のうえに自分の命が成り立っていることを幼いうちに知らせなければいけません。そのうえで、残酷なことがどのような意味を持つか、子ども自身に判断させることが心の成長には必要と思うのです。

私がサナダムシをおなかで飼うことにためらいを感じなかったのも、フィラリア病の研究のために蚊の発生源を探し回る調査に熱中できたのも、自然豊かな明星村で、動物や昆虫と遊び暮らしながら、心を丈夫にたくましく育てられたからと考えています。

自然は、私の心だけでなく、体も救ってくれました。幼いころは体が弱く、村医に「栄養不可」と診断されたこともありました。でも、自然の中で成長したことで、たくさんの微生物ともふれあえました。人の免疫力は、微生物とのふれあいの中で強化されるようにできています。過度に清潔にされた無菌に近い環境では、免疫力は弱まるばかりです。私の免疫力は、雑菌にまみれて遊ぶ中で増強され、だんだんと病気をしにくい体が築かれていったのでしょう。

ケチな父のおかげで私の性格には辛抱強さも加わった

中学に入ると、私へのいじめはどんどんエスカレートしていきました。それでも父はまるで関心がなく、「大丈夫か？」の一言もありません。ですが、母はかなり心配したようです。村の中学から町の中学へと、私の思いを聞くことなく転校させました。

でもそれは、正直、迷惑なことでした。町の中学では、本当に一人ぼっちになってしまったからです。同じ療養所から町まで通う子は一人もいません。転校したからといって、結核療養所に住んでいることにかわりはなく、いじめの標的にされました。しかも、町の子どもたちのいじめは陰湿で、私が教室に入ると、私を揶揄する歌をクラス中で歌い、笑うのです。私の気持ちはクラスメートからも学校からもすっかり離れていきました。

ただ、大人になって気がつくと、孤独を寂しいとか悲しいとはまるで感じない自分がいました。むしろ一人のほうが、自分のやりたいことを自由にできるし、どこへだって気兼ねなく行けます。他人にバカにされても、悪口をいわれても、まるで気にならないメンタルも築かれていました。

宇治山田高校に入学してからも、相変わらず遊び相手は療養所の子どもたちだけで、帰宅すると、毎日のように昆虫や動物を捕まえては喜んでいました。

高校の入学時の成績は、1学年850人中600番くらいだったと思います。

高校1年の終わりごろ、担任の先生から「将来、何になりたいんだ」と聞かれました。ちょっと考えてから「医者になります」と答えました。「あんな無責任で適当な親父が医者をできているのだから、俺も簡単になれるだろう」と、単純に思いついたからです。

ところが担任は、椅子から転げ落ちそうになるほど驚きました。

「その成績じゃ無理だよ。おまえの家は金持ちか?」

「いいえ、貧乏です。うちには車もテレビもありません」

先生は憐れんだ顔で下を向くとボソッと一言、「それじゃあ、勉強するしかないな……」

そのつぶやきに、今度は私が椅子から転げ落ちそうになりました。当時の私が知っていた職業は、父がやっていた医者と、近所のガキ大将の家の農業しかなかったからです。土地を持たない私は、医者にならなければこの先、生きていけないと真剣に考えました。

そこからガリ勉が始まりました。高校の行き帰りには旺文社の「赤尾の豆単」と呼ばれた小さな英語の辞書を持ち歩き、丸暗記しました。辞書の1ページを暗記すると、そのページを破っては丸めて飲み込みました。そうすれば、覚えた単語を忘れないとまじめに思ったのです。AからRまでのページはすべて飲み込みました。Sにさしかかったあたりからひどい便秘になり、飲み込むのをやめました。そのため、今でも私は、英語のSからZまでの単語がわかりません。ブツブツ英語の単語を口ずさみながら歩いているうちに、電信柱にぶつかって倒れたことも何度かありました。

高校3年のときには、出席日数不足にならないように、きっちり授業の3分の1を計算して休み、家で独学しました。自宅で勉強していると、父は邪魔ばかりしてきます。ラジオのボリュームをいちだんと高くあげるのです。

そんな妨害にもめげずにガリ勉を続けたら、クラスで1~2番をとれるようになりました。模擬テストでは東海3県で100番以内に入り、「東大に入れるかもしれない」と担任の先生に太鼓判を押されました。それまで遊んでばかりいたので、ここぞというときにガリ勉に力を注げたのでしょう。私は、東大一本に絞って受験しました。父が受験費用を出してくれないので、国立大学を1校受けるのが精いっぱいだったのです。

その受験の生物の科目で、「ホルモンについて書け」という問題が出ました。

人体で働くホルモンは生理的活性物質で、テストステロンなどの性ホルモンの他、成長ホルモンや睡眠ホルモン、脳内ホルモンなどがあり、人が若々しく、健康に生きるための分泌物です。受験では、そんなことを書けばよかったのに、私の頭の中は食卓にときおり並ぶホルモン煮でいっぱいになっていました。貧乏な私の家では、肉といえば「ホルモン」と呼ばれる牛の内臓で、それが最高のご馳走だったのです。

私は、「男性ホルモンを食べると男らしくなる。女性が女性ホルモンを食べると女らしくなる」と自信を持って記入しました。結果は不合格。あれからおよそ60年、「ホルモン」と聞くと蘇ってくる、今も記憶に残る苦い思い出です。

結局、私は上京して親戚の家に居候し、家庭教師のアルバイトで生活費と学費のすべてを稼ぎながら浪人生活を送りました。

翌年、東大と東京医科歯科大学に合格。東大に入学しようと思ったのですが、当時の東大は、入学から2年後に成績上位の理科学生だけが、医学部に振りわけられるシステムでした。入学しても医者になれる保証がなかったのです。そこで私は、医学部に確実に入れる東京医科歯科大学に進むことを決めたのでした。

私が医大に入っても父は喜びませんでした。それどころか、仕送りもまったくしてくれません。私は働きながら大学に通い、性格にはケチと辛抱強さが加わりました。おかげで、一日くらい食事をしなくてもがまんできるようになりましたし、明らかに遠回りな仕事でもコツコツとやりとげるようになったのでした。

小学校の作文の授業が思考力や文章力の土台になっている

われながら壮絶な子ども時代を過ごしたと思います。

そんななかでも楽しいこともたくさんありました。とくに明星小学校で教えてもらった堀口先生のことは今も覚えています。

堀口先生は私より15歳くらい年上の男性の代用教員でした。

彼の教えはとにかくユニークでした。たとえば作文の授業では、一つのテーマが決められ、その題についてまったく違う内容を毎日書くよう指導されました。テーマは1週間ごとに変わりました。

あるとき、「女」という題が出されました。そのときに真っ先に思い出したのは、女中のスナさんです。スナさんは物心ついたころからずっと一緒でしたが、私が小学3年生のとき、生まれ故郷の韓国に帰っていきました。あのとき、母親と別れる以上の大変な悲しみを感じたことをよく覚えています。幼心ながらも、最愛の恋人を失ったような気持ちに襲われました。

そこで1日目はスナさんについて書きました。でも、すぐに書く内容に困ってしまいました。そこで新たなテーマを探すため、近鉄明星駅前にあった駄菓子屋兼本屋に行って、エロ本を探してはこっそり隠れて立ち読みをしました。そのエロ本の棚の上に見つけたのが、安田徳太郎著『人間の歴史』です。全6巻で人間の誕生と性のしくみが詳しく書いてある、系統的に性を語った本格的な学問書です。

私が手にとった巻には、たまたまセックスの歴史がこまごまと書かれていました。とくに洞窟の中で初体験をする原始人たちのセックスの描写が、こと細かく書いてあり、それを読んだ小学生の私はいっぺんに興奮してしまいました。

それからは毎日、本屋に通いました。さすがに毎回タダでは読めないので、行くたびにアンパンを買い、本屋の主人に精いっぱいのお世辞をいってはご機嫌をとり、隠れてこの本を読み続けました。あのときから私は、本屋に行くと興奮してウンコをもよおすようになりました。

私の作文は、『人間の歴史』のおかげで、1日ごとにとてもユニークなものになっていきました。そうして1週間続いた「女」についての作文は、他の小学生とは似ても似つかないものになったのです。

堀口先生からは、「藤田は将来作家になるか、大変なウソつきになるか、どちらかだ」といわれました。

堀口先生の1年間にわたる作文演習によって、私は人とは違った視点から物事をとらえる力が磨かれていったと思います。

先生が予言したように作家にはなりませんでした。でも、医者でありながら、一般の人に向けてたくさんの本を書き続けられるほど文章を書くのが好きになったのは、堀口先生の作文演習のおかげです。

こんなふうに、私たちはときどき過去の棚卸しをするとよいのだと思います。

マイナスの出来事にとらわれて前に進めなくなったときも、自分自身が歩んできた道をたどることで、軸としてきた原点が見えてきます。

好きなことや楽しいこと、やりたかったのにこれまでできなかったこと、そんなことを拾い出してやっていれば、人生はどんどん楽しくなっていきます。「足るを知る」ということさえ知っていれば、食べていけないことなどありません。

今ここで、この瞬間を生きていくことで、新しい道は自ずと開かれ、可能性は広がっていくものと信じています。

第4章

「健康」がアブナイ

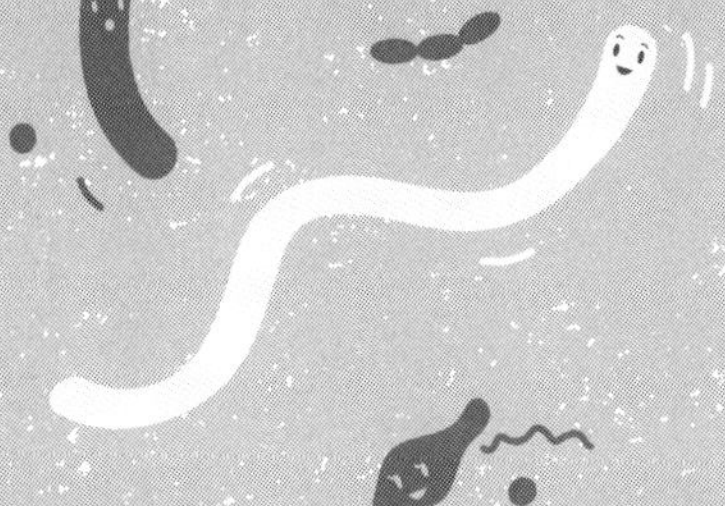

「健康とは何か」。今、改めて問い直してほしい

「ピンピンコロリ」にあこがれる人は多いと思います。好きなことをやりながら元気に生きて、死ぬときは潔く逝く。理想の生き方であり、死に方でもあるでしょう。

では、どうすればそれを実現できるでしょうか。

もっとも大切なのは、「健康」と多くの人は答えます。

それでは、私たちの考える「健康」とは何でしょうか。

健康を願うことは、もちろん悪いことではありません。しかし最近では、それが常軌を逸してきていると思います。

常軌を逸したものはやがて倒錯します。「健康のためなら死んでもいい」というような、おかしなことにもなってきます。呼吸から大気汚染物質を吸い込み、食べ物からは農薬や薬剤、食品添加物などの化学物質をとり込んでしまう現代、生きていることが体にいちばん悪いことになってくるからです。

「健康とは共同性がつくった幻想」に過ぎない、と私は考えます。健康を規定する健康観は絶対的なものではなく、共同して生活している人々の民族性や宗教などによって、ある程度の方向性が定められているように思えるからです。

そんなことを問い直してみて、改めて「健康とは何か」と考えてみてください。

はたして現代の日本人が追求している「健康」とは、本当の意味での「健康」でしょうか。ひょっとすると、日本という特殊な近代国家に住む私たちの共同性が生み出した、一つの幻想ではないでしょうか。

たとえば、健康診断について問います。

「健康のために、毎年決まった時期に健康診断を受け、病気の早期発見に努めています」という人も多いと思います。国も健康長寿を実現する方策として、病気の早期発見や早期治療を重視し、健康診断の受診を奨励してきました。

ところが米国総合内科学会は、血液検査や尿検査、心電図などは健康な人に毎年受診させる必要はないと発表しています。

これらの検査を減らしても、人の健康や安全に影響を与えないという米国病院医療学会の報告があるからです。米国では、医療費の3分の1が無駄な検査や治療に使われているともいわれています。

日本でも、1965年以降、30年間の各都道府県の平均寿命の延びを調べてみると、医療機関が多い都市部よりも、医師や施設が不足しているはずの地方のほうが寿命は延びています。

介護についても同様です。一般に、財政が乏しく、人口当たりの病院や特別養護老人ホームの病床数が少ない自治体ほど、要介護の割合が低く、結果的に健康寿命が長くなるという報告もあります。

たしかに、日本が世界有数の長寿国に駆け上った理由の一つに、医療体制の充実化があることは間違いないでしょう。日本をはじめとする先進国の医療の進歩はめざましく、日々新しい技術が開発されています。

また、日本の大都市に限っていえば、先端医療を受けられる大病院が林立し、たくさんの人々に多種多様な治療や投薬、そして検査がなされています。健康に少しでも不安を感じたら、誰もがすぐにでも病院に駆け込むことができるのです。

しかし、毎年健康診断を受けられ、十分な治療も受けられるという恵まれた医療環境に置かれている私たちが、病気の不安を持つことなく、健康的な毎日を送れているのか、といったら、そうとはいえないでしょう。

むしろ、医療が身近に感じられる分だけ、病気を意識せざるを得ない環境に私たちは置かれています。

現に、健康診断を受ければ、「高血圧」「検査値異常」「要経過観察」「要再検査」などといわれ、「健康」と思っていた自分が、一転して病人扱いされることにもなってきます。

一方で、発展した医療も、感染症という極めて原始的な病気に対しては、弱くもろいということがコロナ禍に明らかになりました。しかも、地球温暖化、自然破壊、交通機関の発達などによって、新型コロナウイルスだけではなく、新興・再興の病原体が世界にいっきに広がりやすい環境が整っていることも、私たちは体感しました。日本では今、「ウィズコロナ」とか「コロナ後の社会」などの標語が目立ちますが、いつ再び未知なるウイルスが入り込んでくるかはわからない状況にあるのが現実です。

つまり、健康とは、誰かに守ってもらえるものでも、治してもらえるものでもない、ということです。安易に医療や薬に頼っていては、「健康」は不安を生む原因となり続けるだけです。医療まかせにしたりせず、「自分の健康は自分でつくる」と自立した考えを持つことが、結局は、自分の健康を守り、健康寿命を延ばすことになるのです。

なお、私たち人間の体は、自然の産物であると理解することも、健康増進には欠かせない、と私は信じています。人と自然は一体です。自然からかけ離れたことをすればするほど、私たちの心身には病気が起こりやすくなることを忘れてはならないのです。

人も寄生虫も「地球のパラサイト（寄生生物）」にすぎない

では、私が考える健康とは、何でしょうか。一言でいうならば、「免疫力」です。免疫力を高めることが、健康を増進することになります。

免疫とは、外敵から体を守り、病気になるのを防いだり、かかった病気を治そうとしたりする、私たちの体に備わった働きのこと。その働きには、まず「感染防御」があり、「健康の維持」や「老化・病気の予防」があります。「がん」にならないようにしたり、「うつ」など「心の病気」を防いだりするのも、免疫の働きです。つまり、免疫とは生きる力そのものなのです。

この免疫の働きは、人類の進化とともに発達してきました。

人類がアフリカで誕生したのは約700万年前、いくつもの種が誕生と絶滅をくり返しながら進化し、私たちホモ・サピエンスだけが地球上で唯一の人類として生き残りました。地球という自然環境には、たくさんの恐ろしい病原体が存在しています。その自然の一部として暮らしながら、人は外敵からの攻撃をくり返し受け、それを上手に逃れながら今日まで命をつないできました。ホモ・サピエンスが生き残り、数を増やしてこられたのは、強固な免疫力が非常にうまく働いていたためです。

事実、私たちの体を構成している遺伝子は、1万年前からまったく変化していません。免疫細胞もその働きも、1万年前のまま、私たちの体内に息づいています。

1万年前、人類はジャングルの中で生活し、草原を走りまわっていました。私たちの祖先はたえず寄生虫や細菌などの微生物とつきあっていたのです。

免疫の働きは、いくつもの免疫を担当する細胞によって築かれています。その免疫細胞には、寄生虫がやってきたら「こんにちは」とあいさつをする細胞がおり、ウイルスが来たらお茶を出す細胞があり、細菌が来たらそれに応対する細胞がいます。1万年前と同じように、私たちの体の中では、今もそれらの免疫細胞が存在し、働いてくれているのです。

ところが、現代を生きる人々は、この大切な事実を忘れてしまっています。「健康は、まわりの微生物を排除することで守られる」と考えている人たちがほとんどです。そうして、偏った「超清潔志向」に踊らされています。それを証拠に、殺菌、抗菌グッズを生活環境にあふれさせ、どんなバイキンも寄せつけまいとする完全無欠な暮らしを営んでしまってはいないでしょうか。

こうなったとき、免疫の働きにどのようなことが起こるか、考えたことがありますか。

私たちが薬剤を使って身の回りの微生物を排除し、体内に入って来ないようにがんばってしまうと、免疫細胞は対応する相手を失い、「無職」になってしまいます。

職を失った免疫細胞ほどやっかいなものはありません。ヒマになった細胞は、今度はあいさつをしなくてもよい花粉やダニの死骸、ハウスダストなどにも対応するようになります。そうして起こってくるのが、アレルギー性疾患なのです。

誰であろうと、感染症にはかかりたくありませんし、生きている限り、病気より健康のほうがいいのは当たり前です。しかし、一にも二にも健康がよいとしがみつき、寄生虫はもちろん細菌やウイルスなどの微生物を徹底的に忌避して排除し、極端なまでに清潔を心がければ、ついには、白々と消毒され、洗い清められた無菌室のような人工的な空間でしか健康を維持できない状態になります。

それは、きわめて反自然的なものです。反自然とはもちろん、自然に反し、生に反していることです。そして生に反するものは、いずれ生と自然の側から反撃を受けずにはすまなくなります。その反撃こそが、免疫力の低下です。免疫力が低下すれば、どんなに身の回りを殺菌したところで、感染症を防げなくなります。私たちが間借りしている地球は、もともと微生物のものだからです。

地球46億年の歴史を1年というカレンダーで振り返ってみましょう。地球誕生の日を1月1日とすると、微生物の誕生は3月25日、海中の生物が陸に上がったのが11月20日、人類の登場はというと、ようやく12月31日の午後2時30分になってからです。人類は、この地球上に誕生してまだ9時間30分しかたっていないのです。こうして考えると「地球は人類のために存在する」という考えがいかに反自然的なものかわかります。

私たち自身も「地球を宿主とするパラサイト（寄生生物）」に過ぎないのです。

この地球上には、人類より先に棲みついた微生物が、いたるところに存在します。ですから、薬剤で完全な無菌空間をつくることなどできるはずもありません。それでもがんばって無菌に近い状態をつくったところで、薬効が切れれば、再び私たちの生活環境に入り込んでくるのは避けられないのです。

前述したように、多種多様な細菌のいる環境では病原体が一人勝ちすることはありません。しかし、微生物の極めて少なくない環境に病原体が入り込むと、あっという間に広がります。住空間の無菌化を求めることは、その危険性と隣りあわせです。

しかも、無菌化は私たち自身の免疫力も低下させます。免疫力が低下すれば、免疫システムは正常に働けなくなります。そのときに築かれるのが、感染症にかかりやすく、アレルギー性疾患にもなりやすい体質なのです。

私たちの免疫力は土の中の細菌によって高められている

微生物が棲んでいるのは、外界だけではありません。私たちの体にもいます。

前述したように、顔には顔ダニがいますし、体の表面には皮膚常在菌がいます。鼻の穴にも、耳の穴にも、口の中にも、肛門にも、たくさんの細菌が棲んでいます。

とくに数が多いのは、腸です。人間の腸にはおよそ２００種１００兆個以上もの細菌が棲息し、その重さは大腸内にいる細菌だけでも約２キログラム近くになります。私たちの腸の中では、酸素のない世界で細菌類のみが生きていた原始地球と同じ環境が、多様性も豊かに再現されているのです。

腸とは単なるチューブではなく、複雑な生体機能をつかさどる重要な器官です。そして、人体最大の免疫器官です。腸には免疫細胞の約7割が集まります。この免疫細胞の働きを活性化しているのが、腸内細菌です。腸内細菌が免疫力を高め、生きる力を育んでいます。

そればかりではありません。腸内細菌は、子どもの脳の正常な発達もうながすことがわかっていない赤ちゃんは、腸内細菌がいなければ導かれないのです。豊かな感性や感情の形成も、腸内細菌がいなければ導かれないのです。

私は以前、生まれてからまもない、アトピー性皮膚炎に悩んでいる赤ちゃんの腸内細菌を調べたことがあります。それらの赤ちゃんの40パーセントが、便から大腸菌が見つかりませんでした。通常、生まれた直後は腸内細菌がいったん大腸菌だらけになります。そうならないと、赤ちゃんの腸はその後の正常な発育を望めず、免疫力が弱まり、アトピー性皮膚炎などアレルギー性疾患に悩まされやすくなるのです。

このように、私たちの心身の健康は、腸内細菌などの常在菌によって影響されています。ところが今、その常在菌たちを、皮肉なことに私たち自身が痛めつけています。

とくに問題なのが、薬剤を使って生活環境の無菌化を図るような超清潔志向です。手や服、持ち物に除菌剤を振りかけ、うがい薬で口の中を清潔にすることが、感染症対策と思っている人も多いでしょう。しかしその行為は、外から来る微生物も殺すけれども、私たちの体を守る常在菌も排除してしまうのです。

ところで、ちょっと話は変わりますが、みなさんは、地鶏と飼育小屋で飼われるブロイラー、どちらが健康で感染症にかかりにくく、肉質もよいかわかりますか。もちろん、答えは地鶏です。地鶏が元気なのは、土にばらまかれたエサを食べる際、土壌菌も一緒に腸にとり込んでいるからです。免疫力が強いのです。

私たち人間も、同じです。土壌菌を日常的にとり込める環境で生きていたほうが、免疫力を強化でき、心身の健康は増進できます。腸内細菌には、外から仲間の細菌が入ってくることで、働きを活性化させる性質があるためです。腸内細菌の大半は、土など外界にいる土壌菌の仲間であるとわかっています。

一方、腸にいる免疫細胞たちは、ほんのちょっぴり病原性を持つような「チョイ悪菌」が適度に入ってくることで、日々訓練され、免疫力を総じて高めていきます。そんな免疫細胞たちのトレーニング相手としても、土壌菌は最適なのです。

土壌菌は土に多くいますが、私たちの生活環境にもたくさんいます。床やテーブルなどにもいます。つまり、腸内細菌と免疫細胞をともに活性化させるためには、身の回りをアルコール消毒するより、ペロリとなめてみるほうがずっとよいということです。

「そんなキタナイことをしたら、おなかを壊す」と驚くと思いますが、衛生志向の行き届いた日本の生活環境には、たちまち命を奪うような怖い細菌はほぼいません。でも、下痢や腹痛を起こすことはあるでしょう。それはチョイ悪菌にも負けてしまうほど、腸内環境が悪かったり、免疫力が落ちていたりする証ともいえるのです。

人間が食物以外で、とくに土を無性に食べたくなる症候を土食症といいます。

土食症は2000年以上も前、すでにヒポクラテスによっての記録が残っているほど古くからあるものです。限られた特性の種族や民族に発症するものではなく、ほとんどの国で観察されています。

米国・ニューヨークのコーネル大学のヒューマン・エコロジーを研究しているS・ヤング博士らは、人間が土を食べるのは、毒物や病原体から胃腸を守るためである可能性が高いと、2011年6月の「ザ・クォータリーレビュー・オブ・バイオロジー」に発表しています。博士らは、宣教師や植民地の医師、冒険家、探検家の記録や、文化人類学者の報告など、信頼できる480以上の土食についての記録を、データベース化しメタ分析を行いました。

結果、土食が生じる理由としてもっとも合理的で可能性が高いのは、感染症の防御のためであるとわかったということです。

土食の例としてもっとも多いケースが、妊娠初期の女性と思春期以前の子どもでした。両者に共通するのが、免疫力が低下しやすく、感染症にかかりやすい時期であるということです。また、報告の事例が多かった熱帯地域は、食中毒による感染が多発する地域と重なるのです。

こうした理由から、土食症は免疫力を高めて感染症を強く防ごうとする人間の本能の表れ、とも見てとれるということです。

下に落ちた食べ物は5秒待ってから食べましょう

私には3人の子どもがいます（みんな、すっかりいい大人ですが）。私は幼少期に体が弱かったので、子どもたちが病気になりやすい体質になっては大変と、赤ちゃんの頃からたくさんキタナイことをして育てました。自分の手足をなめるのは当たり前、ちょっとキタナイかなと感じるものを口に入れても放っておきました。

とくに大事にしていたのは、食事です。テーブルに落ちたものを食べるのは当然で、床に落ちたものも「もったいない」と食べさせました。せっかく土壌菌がくっついたのに、それを捨ててしまうことは、免疫力を高めるチャンスを失うことだからです。

こんなことをいろいろなところで話したり、書いたりしていたら、「おまえは、落ちたものを拾って食べるんだろう」と大学に入ってからも教授にからかわれる、と娘に叱られました。申し訳ないことをしたと思っています。でも、そのおかげで、3人とも免疫力が高く、アレルギー体質にもなっていないので、感謝してほしいとも思います。

赤ちゃんは何でもなめたがります。これは、土壌菌などを腸内にとり込もうとする本能の表れです。つまり、赤ちゃんは本能で「土を食べる」ことをしているのです。

人間は清潔な食器で、菌の繁殖を抑える添加物が混じった無菌に近い食品を、殺菌剤で拭かれた食卓の上で口にしますが、こんなことをする動物は人間だけです。

生まれたばかりのパンダの赤ちゃんは、土をなめ、お母さんのウンチをなめます。そうしないと「パンダになれない」からです。パンダは好物の笹を消化する酵素を生まれ持っているわけではありません。腸内細菌が消化してくれるのです。そこで、パンダの赤ちゃんは、笹を消化できるようになるために、母親のウンコをなめて腸内細菌を体内に入れ、自分の腸内細菌を増やしているのです。

また、コアラが好きなユーカリの葉には毒素があります。コアラの赤ちゃんも、ユーカリを無毒化する酵素をもともとは持っていません。そこで、誕生したらすぐに土をなめ、お母さんのウンチをなめます。そうしてユーカリを消化できるようにしています。

家の柱を食べてしまう白アリも、木の繊維を消化する酵素を生まれつき持っていません。やはり腸内細菌が繊維を消化しているのです。このように動物はみんな腸内細菌を増やすために、土壌菌を腸に持ち込む努力をしています。

人間も同じです。野菜などの食物繊維を分解する酵素は、人間の体には備わっていません。腸内細菌がせっせと分解してくれます。ですから、私たちも土壌菌をとり込むため、落ちたものを食べるくらいのほうが丈夫な体をつくれるのです。

「机や床に落とした食べ物でも、3秒以内だったら大丈夫」という都市伝説のような理論をよく聞きます。実は、この暗黙のルールは多少の秒数の違いがあるものの、国を超えて共通の認識であり、アメリカの場合は5秒で、「ファイブ・セカンド・ルール」と呼ばれているそうです。海外にはこれらの研究している人たちがいます。私と同じように、変な研究をする科学者というのは、世界中どこにでもいるようです。

それらの研究結果をまとめてみると、「食べ物が床に落ちてから経過した時間によって、菌の付着量が変化する」とわかります。しかし、それ以上に注目すべきは「床に落ちてからの経過時間より、落ちた場所が問題」ということでした。

たしかに、台所周辺や風呂場、レストランの床など、食中毒菌の多い危険な場所に落ちたものは、拾って食べるべきではないと思います。しかし、食卓の上や床に落ちたものがすべてキタナイとしてしまうと、土壌菌をとり込む機会が減ってしまいます。

さらにつけ加えるならば、落ちた物を食べるときはわざと5秒以上待つ「あえて5秒超えルール」を実践し、土壌菌の恩恵を受けよう、というのが私流の健康法です。

なお、「土を食べると免疫力が上がる」といって、本物の土をすくって食べるようなことはしないでくださいね。おいしくありません。ただ、キタナイことをするのは大事です。外に出て土をいじれば、土壌菌が呼吸から自然と入ってきます。土つきの野菜を台所まで持ってきて、土を振り落としてから洗い流せば、土壌菌が舞い上がります。こんなささやかな方法でも、土壌菌をとり込むことはできます。

発酵食品を食べるのも良策です。土壌菌や乳酸菌、ビフィズス菌など、免疫力の重要な担い手になる腸内細菌の仲間は発酵食品にも多くいます。納豆や味噌、キムチ、ぬか漬けなどを毎日食べていると、腸内環境が良好に整い、免疫力の向上に役立ちます。

反対に、加工食品中に含まれる保存料などの添加物は、腸内細菌を弱らせてしまいます。そのようなものが大量に含まれる出来合いの食品は避け、できるだけ手づくりの食事をとるのがよいでしょう。

また、腸内細菌は食物繊維の豊富な食事をとっていると、数や種類が豊かになり、免疫力の強化に役立つことがわかっています。食物繊維が腸内細菌のエサになるからです。ですから、野菜、海藻類、キノコ類、根菜などの野菜をそれぞれ毎日、きちんと食べるのも、免疫力の強化に大切です。

自分の免疫力を高められるのは、自分だけです。自分でできることを考え、自分の力で高めていくものです。それは、動物も人間も同じなのです。

毎日のウンコに自分の免疫力が表れている

今日の自分の免疫力を知る方法があります。

それは、自分が出したウンコを見ることです。

人の大便の約60パーセントは水分で、約20パーセントは腸内細菌やその死骸、約15パーセントは腸壁からはがれ落ちた細胞の死骸、残りの約5パーセントが食べたもののカスです。

つまり、大便から水分を除いた固形部分のうち、半分は腸内細菌です。

腸では、腸内細菌の量が適正になるよう日々調整されています。多くなり過ぎた腸内細菌は、大便となって排泄されます。大便が大きいということは腸内細菌が豊富で、腸内環境がよりよく整っている証拠。免疫力の7割は腸でつくられますから、良質の大便が出たということは、免疫力も高い状態にあると推測できます。

それなのに、自分が出したウンコをよく見ることもせず、ジャーッと水に流してしまってはもったいない。私もウンコをしたあとは、必ずチェックします。「今日はちょっと貧弱だな」と思ったら、食物繊維の多い食品を意識してとり、水も多めに飲みます。食物繊維は腸内細菌のエサになり、ウンコを大きく育てます。水分はウンコをスルッと出やすくします。

なお、免疫力の向上には、何よりも食事が重要です。といっても、そのための食事づくりは簡単でよいのです。保存料などが大量に含まれる出来合いの食品は避けたほうがよいのですが、手の込んだものをつくる必要もありません。

ただ、「体によい食事を」と思えば、そのぶん経済的な負担も大きく感じやすいでしょう。将来の健康を考えたら、高価なサプリメントや月会費が必要なスポーツジムなどについて検討したい気持ちにもなってきます。

しかし、本当に健康によいことは、費やした金額や時間に必ずしも比例するわけではないのも事実。「お金がかかるな」「大変だな」と思っていては、続けるのが大変になります。免疫力の向上のためには、継続が第一。そのためには、時間的にも経費的にも無理のない方法が理想です。

そこで私は、安くて、簡単で、長続きする「コスパ最強健康法」を試行錯誤しながら研究しています。そこで私が日々実践している健康法を3つ紹介しましょう。

〈食前山盛りキャベツ〉

食事の初めに、山盛りキャベツを食べています。せん切りでも、そのまま味噌をつけて食べてもよいのですが、小鉢に山盛り1杯、だいたい100グラムが目安です。野菜を先に食べることで満腹感も得やすく、食べ過ぎを防げます。野菜の食物繊維は糖質の吸収を抑える働きがあり、血糖値の上昇をゆるやかにします。また、食物繊維は腸内細菌のエサにもなります。キャベツには、活性酸素などの害から守ってくれる抗酸化物質や、免疫力の強化に働くビタミンC、胃腸の粘膜の修復に働くビタミンUも豊富です。

〈何でも酢野菜〉

スライスやみじん切りにした玉ネギ、またはキャベツに軽く塩を振ってまぜ、しんなりしたところにひたひたの酢を加え、好みでハチミツを入れて混ぜあわせ、冷蔵庫で保存します。玉ネギやキャベツに限らず、好みにあわせて酢漬けの野菜をつくってみましょう。酢には腸内環境を整える短鎖脂肪酸が含まれています。また、腸内細菌も食物繊維を発酵させながら短鎖脂肪酸をつくり出しています。短鎖脂肪酸は大腸のエネルギー源になり、腸管の細胞を増殖させ、免疫を強化します。

〈食後早めの歯磨き戦略〉

食後に物足りなさを感じると、ついつい甘いものに手がのびたり、余分に食べたりしたくなります。ですので、なるべく早めに歯磨きをして余計な食欲を抑えるようにしています。食欲を抑えつつ、歯の清潔を守ることができ、一石二鳥です。

他にも私独自の健康法はたくさんありますが、このように単純でお金があまりかからず続けられる方法を集めれば、それがあなたの「コスパ最強健康法」です。

周りと同じである必要はありません。与えられた情報にしたがっているだけでは、意識も行動もほとんど変化しません。

医者にいわれたから、テレビで話題だから、有名人が紹介していたからと飛びつくのではなく、自身の体の声を聞き、感覚を研ぎ澄まし、今までの経験を活かし、日々のウンコの状態を見ながら続けられる方法をつくっていきましょう。

イギリスの詩人、ジョン・ドライデンの言葉に「はじめは人が習慣をつくり、それから習慣が人をつくる」とあります。まずは行動を起こし、それが習慣になったとき、健康な心身が築かれてくるはずです。

長寿には「カルシウムの豊富なアルカリ水」、若返りには「雪どけ水」

私は自らの研究のために、発展途上国を中心に70か国近くをめぐり、集めたウンコの数はゆうに10万個を超えます。

私が海外出張のたびに大事そうにカバンを抱えて帰ってくるので、幼かった子どもたちは「きっと、ステキなお土産が入っているに違いない」と目を輝かせました。ところが、カバンの中にはきれいに整理されたケース入りのウンコが並んでいます。やがて誰もカバンに触れなくなりました。

そんなウンコ集めの旅は、いつしか世界の飲料水を調べることも目的に加わりました。ウンコと川と微生物の多様性の関連性の深さに気づくと、今度は世界の水を調べて、その水にどのような菌がいるのか知りたくなったのです。

そこで、世界の人たちのウンコを集めるついでに、彼らの飲んでいる水を片っ端から調べようと考えました。

いろいろな国を訪ね、実際に水を飲みました。おなかを悪くしたり、腸チフスになったりしたこともあります。

そんな世界の水を訪ねる旅で印象に残っているのが、長寿の人たちでした。

ヒマラヤ山麓にあるフンザ族や南米の奥深い山に住むビルカバンバの人たちには、100歳を超えてなお元気な長寿の人たちがたくさんいました。彼らの飲んでいる水を調べると、両方の地域とも同じ性質の水を飲んでいました。

何より驚いたのは、彼らは自分たちの長寿の理由が、自分たちの飲料水であると知っていたことです。

調べてみると、標高2000メートル以上の山から流れる谷川の水は、カルシウムを豊富に含んだアルカリ性の水でした。この水を「長寿に導く不思議な水」として、その機序の研究を始めました。結果、水に含まれているカルシウムが血管を強化し、脳梗塞や心筋梗塞にならないよう働いているとわかりました。

また、カルシウムは腸の動きを活発にして便秘を防ぎ、皮膚や粘膜を強めて、皮膚炎や蕁麻疹《じんましん》が起こらないようにしています。さらに、迷走神経の末梢に働いて鎮静作用をうながしたりもします。人体に有益なさまざまな働きをするのです。

ただ、日本の飲料水の大半には、カルシウムがほとんど含まれません。ですから、自ら進んで選ぶ必要があります。

「カルシウムの豊富なアルカリ性の水」を選ぶには、ミネラルウォーターが入ったペットボトルのラベルを見てください。そこに水の情報が書かれています。大切なのは、「硬度」と「ｐＨ値」です。硬度とはカルシウムとマグネシウムの量を示し、ｐＨは酸性かアルカリ性かを示す数値です。硬度が１００ｍｇ／Ｌ以上、ｐＨ値が７以上の水が、血管の強化に役立つ「カルシウムの豊富なアルカリ性の水」といえるでしょう。

ただし、硬度の高い水はミネラル含有量が多いぶん、睡眠中の体には負担となります。よって、硬水は日中に飲むようにして、寝る前は、アルカリ性の軟水を飲むとよいと思います。

さらに、世界の水を調査していくうちに、水には不思議な力があることもわかりました。たとえば「雪どけ水」には、実際に若返り作用が認められました。

北極では、氷がとけたばかりの海水の中で、プランクトンの異常な増殖が見られました。旧ソ連の学者たちも、雪どけ水によって植物の種子の発芽や、鳥のヒナの成長が早くなるなどの研究成果を出しています。

雪どけ水は、農作物の収穫率を高め、牛の乳量を増やすことも報告されています。秋田の豪雪は、「秋田小町」といわれる肌のきれいな美人を生み出したり、おいしい米をつくり出したりしています。

ただ、雪の降らない地域で雪どけ水を飲むのは、なかなか難しいものです。そこで私は、自分でつくる方法を考えました。

まず、平らな容器に水道水を入れ、冷凍庫で半分まで凍らせます。

次に、氷の真ん中を割り、凍っていない水を捨てます。

そのあと、凍っている部分をとかせばできあがりです。

水道水を半分だけ凍らせ、凍っていない部分を捨てるのには理由があります。

水道水を最後まで凍らせると、氷の中央は白くなります。白濁したその部分には、塩素やトリハロメタンなどの不純物が含まれます。水は、冷却すると純度の高い部分から凍っていくため、不純物を含む部分は白くなって中央に残るのです。

この不純物を体内にとり込んでしまっては、せっかくの若返りの水が台無しです。だから、半分だけ凍らせたら、凍らなかった部分は捨ててしまいます。

まろやかでとてもおいしい水ができますから、一度、ぜひ試してみてください。毎日コップ1杯飲んで、若返り効果を期待できたらいいですね。

雪どけ水は生ものと一緒。水の生理活性が生きているので、できたてを飲むことも大事なポイントです。

海外旅行では思わぬ寄生虫の感染にご注意を

国内にいれば清潔志向の日本人も、海外に出ると気が大きくなり、平気でキタナイことをしてしまうようです。ここも日本人の不思議なところです。かくいう私も海外に行くときには、うきうきした気持ちでいっぱいになります。あれも見たい、これも食べたい……。しかし、ちょっと待ってください。旅先で健康を守るための知識は十分でしょうか。マラリアやコレラ、赤痢など思わぬ病気にかかる危険性が潜んでいるかもしれないのです。

コロナ禍以前の2019年は、2000万人以上もの日本人が海外に出かけたと発表されています。そのぶん、いろいろな病気に感染して帰ってくるケースが増えています。感染源としては、飛沫感染や性行為など接触によるヒト由来の感染、飲食物や飲料水などのモノ由来の感染、さらに動物媒介感染の3種類にわけられます。

海外では、水にあたって下痢をすることがよくあります。原因は、病原性微生物が水に含まれている場合か、水の硬度が高すぎる場合のいずれかです。

硬度の高い水を飲む民族に長寿者が多いことを前述しましたが、飲みなれていないと下痢をすることがあります。この場合は、治療をしなくても1週間程度で下痢は治るので心配いりません。

海外では、飲料水を生のまま飲まないのが鉄則です。これは食べ物も同じです。ところが、「おいしそう」「食べたい」と思うと、それが「危険」とは感じても人はつい食べてしまうところがあります。

私は安全なサナダムシをお腹で飼っていましたが、ブタからのサナダムシは、危険な有鉤嚢虫です。嚢虫というのは、有鉤条虫というサナダムシの幼虫のことです。私のお腹にいたサナダムシの卵は、人の体内では一匹も孵《ふ》化《か》しません。しかし、豚にいるサナダムシは違います。有鉤嚢虫《ゆうこうのうちゅう》が体に入ってしまうと、おそろしい結果になります。その幼虫が成長して親虫になって卵を産むと、体内で孵化してしまうからです。そうして誕生した嚢虫は、やがて全身に広がっていきます。

有鉤条虫は、毎日幾万もの卵を産みます。もし便秘などによって卵が体内にとどまってしまうと、すべて体内で孵化し、体中があっという間に虫だらけになってしまうのです。また、有鉤条虫の卵を飲み込んだだけでも、幼虫は体内で孵化をして嚢虫になります。嚢虫が皮下や筋肉内に生じた場合、小指の頭ほどの「こぶ」をつくります。一方、脳や脊髄、眼球に入り込んでしまうと大変です。てんかんのような発作や意識障害、麻痺、失明などの重大な症状が出てきます。命を落とすケースもあります。

このブタのサナダムシは、私の好きなインドネシアでは感染しません。イスラム教では、豚肉を食べることを禁じているからです。もしかしたら、イスラム教が豚肉を禁じているのは、有鉤嚢虫から教徒を守るためではないか、とも私は考えています。

日本にも、有鉤嚢虫症はありません。豚の衛生管理が徹底されているからです。

ですが、海外で感染するケースは増加傾向にあります。日本人がもっとも感染してくる国は、韓国と中国です。アフリカで感染する例も見られます。ロシア、東欧諸国、モンゴル、インド、タイ、中南米などにも有鉤条虫は分布しています。

主な感染源は、生焼けの豚肉。また、感染者との性行為でうつることもありますし、流行地の汚染された飲料水や食品などにも十分な注意が必要です。有鉤条虫に感染した人の糞便内の虫卵が口から入ってしまうことがあるからです。

また、豚肉から感染する寄生虫は、他にもあります。旋毛虫です。

「モーツァルトは、旋毛虫に汚染された豚肉を使ったカツレツを食べたために死亡した」という新説が発表されています。モーツァルトが１７９１年の死の直前に患っていた発熱は、旋毛虫によって引き起こされたというのです。米国シアトルにある退役軍人医療センターのハーシュマン医師は、モーツァルトが妻にあてて書いた手紙から、死の44日前にポークカツを食べていたことを明らかにしました。

モーツァルトの死因については、リウマチ熱からライバルの作曲家サリエリによる暗殺まで、さまざまな説が出ています。旋毛虫の症状はリウマチ熱と大変似ています。ですから、旋毛虫で死んだことも十分に考えられるのです。

旋毛虫も日本にはいない虫ですが、欧米では、豚肉に加えて、自家製のソーセージも原因となり、患者がよく発生しています。アメリカやヨーロッパで自家製ソーセージを食べるときには、中までしっかり火が通っているかを確認しましょう。

感染すると、全身の発疹や高熱、腹痛、下痢に続き、まぶたが異常にむくみ、急性リウマチと間違えられるような筋肉痛や関節の激しい痛みに見舞われます。ときには、呼吸困難や心臓障害を起こして死ぬ場合だってあるのです。

外国に行くと、いろいろなものを食べたくなります。しかし、豚肉の生食や熱のよく通っていないものを食べることは危険です。

「生焼けかな」「ちょっと赤いな」と感じる肉は、たとえおいしそうに見えても口に入れないこと。寄生虫は、しっかり加熱することで殺せます。慌てず、焦らず、中心部まで加熱してもらってから食べるようにしましょう。

「美容によい」「精力がつく」といわれれば、ヘビの血さえ飲んでしまう人もいる

かつては9月になると、毎年、中国を訪れていました。中国に在留する日本人の健康相談を行うためです。

中国には、日本にない感染症や寄生虫病が多くあります。その診断や、それらの病気にかからないようにするにはどうすればよいか、などについて、中国にいる日本人にアドバイスをしていました。

ある日本人は、中国の内陸の田舎で、中国人のために家畜の飼育や繁殖法の指導を行っていました。彼は毎晩のように家畜を飼っている農家に呼ばれていました。

その彼が、1年ほどたつとげっそりやせてしまいました。心配になった彼は帰国し、私を訪ねてきました。

検査をすると、彼のウンコには回虫の卵がびっしりといます。駆虫したら、80匹もの回虫が出てきました。バケツ1杯にもなる量ですから、のどもとから下腹部まで回虫だらけ

の状態だったに違いありません。

彼には膵臓炎という持病があり、油っこい料理が苦手でした。中国の田舎の人は野菜も油で炒めて食べていましたが、彼はどこで食事をごちそうになっても、野菜だけは「生に近い」状態で食べていました。その田舎では人糞を肥料に使っていたので、彼の消化管はまたたく間に回虫だらけになってしまったのです。

最近は、生の野菜も多く中国から輸入されています。「酵素やビタミン類は、生のままでないと摂取できない」との健康志向から、野菜を生で食べる人も多いでしょう。

ですが、海外から輸入された野菜には十分に注意し、加熱するか、しっかり洗うかして食べることです。

最近は、上海や北京など中国の大都市では、このような回虫の感染はほとんど見られなくなっています。近代化が進んでいるからでしょう。

ただ、ゲテモノ喰いによる寄生虫病は、今でも上海や広州あたりでときどき見られます。私もゲテモノ喰いは嫌いではありません。むしろ興味は人一倍強くあります。以前、友人に食べさせてもらったのは、「四川火鍋」という鍋料理です。牛肉と野菜のほかに、カモの舌、トリの脚と血、ブタの脚のスジと腸、カエルと鳩の肉、ヘビとスッポンの血とキモ、ウシの声帯、それにヘビの唐揚げと上海ガニがついていました。

これらのゲテモノは熱を通していれば、寄生虫の感染源にならないはずですが、加熱が不十分だったり、汚染したまな板を使ったりしていると感染の確率が高まります。

海外でヘビやカエル、スッポン、トリなどを食べるときに注意しなければいけない一つは、「マンソン裂頭条虫」です。イヌやネコにふつうに見られるサナダムシの仲間です。

その幼虫は、ヘビやカエル、スッポン、トリなどを介して人に感染します。ただし、人はこのサナダムシにとって快適な宿主ではなく、人体内で幼虫は親虫になれません。いつまでも幼虫のまま、人の体内でぐずぐずしています。多くの場合、コブをつくって人体の表面をゆっくりゆっくり動きます。放っておけば、何十年も生き続けます。私の知っている中では、14年間かけておへそから首まで移動した例があります。

マンソン裂頭条虫に感染することを「マンソン孤虫症」といいます。私はこれまでに10例以上の患者さんと出会いましたが、その8割は女性でした。しかもすべてが妙齢の美女なのですから、不思議議です。

ジャカルタで出会った日本人女性のケースも忘れられません。

ジャカルタ在住の自動車メーカーの人たちとカラオケバーに飲みに行ったときのことです。隣に日本人グループがいました。6人の男性に混じって、30代半ばの美しい女性が一人いました。彼女は、藤あや子の演歌をやけにうまく歌っていました。

そのグループには、偶然にも私のかつての患者さんがいました。彼は、仕事でジャカルタに駐在していたのですが、2種類もの寄生虫に感染して、数か月間も下痢が続き、げっそりと痩せてしまったことがあったのです。日本に一時帰国した折、私のもとに治療を受けにきたことがあったのでした。

その彼が、歌のうまい例の女性に「寄生虫に詳しい医者」と私を紹介しました。二人は交際中といいます。

話を聞くと、彼女は、右の乳房の外側に直径2センチほどのコブができていて、悩んでいるというのです。そのコブは、1年前は乳房の内側にあったはずなのにだんだん移動してきたそうです。ときどき、ピンク色に腫れあがったりします。

私は、彼女にヘビやスッポンを食べなかったか尋ねました。

彼女は「美容にいいよ」と彼にすすめられて、ヘビの血をワインで割ってときどき飲んでいたそうです。彼は、美人の彼女にもっと美しくなってもらいたかったのでしょう。しかし、それによって彼女はマンソン孤虫症になってしまったのでした。

東南アジアのほうでは、「美容によい」「精力がつく」といって、ヘビやスッポンの生血をワインで割って飲むことがあります。「美容によい」「精力がつく」といわれると、ふだんは潔癖症の日本人も、ゲテモノ喰いをするのだなとつくづく思いました。

新鮮な刺身は体によいが、寄生虫感染のリスクもある

日本人にとっておいしいものといえば、やっぱり生の魚介類を新鮮なまま、ツルッと食べることでしょう。

新鮮な魚介類には脳細胞の働きにもよい脂肪酸が豊富で、健康上でも刺身を食べることは推奨されています。私も、刺身をよく食べます。

しかし、おいしさの代償に日本人はおもしろい寄生虫に世界でもっとも感染する民族になっています。生きたドジョウを丸飲みしたり、ホタルイカをツルッとやったりした結果、皮膚を虫が走ることがあります。虫が皮下を這ってできた赤い発疹を「爬行疹《はこうしん》」といいます。ドジョウには顎口虫《がっこうちゅう》、ホタルイカには旋尾線虫《せんびせんちゅう》の幼虫がいるからです。

最近増えているのは、アニサキスの感染です。話題になることが多い寄生虫なので、知っている人は多いでしょう。

最大の感染源はサバです。サバの刺身も好きだが、しめサバはもっと好き、という人も

多いでしょう。アニサキスは、加熱か冷凍で死にますが、酢では死にません。しめサバとて安心できない、ということです。よって、サバの刺身やしめサバを食べる時には、ニョロッとした細長くて小さな虫がついていないか、よく見てから食べることが大事です。

他にも、イカ、アジ、サンマ、イワシ、オヒョウ、タラなども感染源になります。

アニサキスは本来、クジラやイルカなど海生哺乳類を終宿主にする回虫で、それらの体内ではおとなしくしつつ、卵を産みます。その卵が排泄され、海洋中で孵化し、オキアミの中で第3期幼虫にまで発育します。オキアミがサバやイカに食べられると、その体内で発育し、終宿主のクジラやイルカに食べられるのを待ちます。ところが、その前に人が魚を食べてしまうから困るのです。幼虫は人の体内で親虫になれず、びっくりして暴れ、胃壁や腸壁に頭を突っ込みます。すると、猛烈な腹痛が起こるのです。

アニサキスの幼虫は、スルメイカの場合は皮と肉の間にいることが多く、内臓の表面にも見られます。他の魚ではほとんどが内臓に潜んでいます。専門の料理屋や寿司屋では、このことをよく知っていて、魚からすばやく内臓をとり除きます。したがって、プロの手で調理された刺身は心配いりません。問題なのは、自分で釣ってきた魚や自家製のマリネです。素人がつくる刺身料理は危険です。なお、マダラの白子や肝臓、アンコウの肝臓を生で食べることによって感染するケースも多く見られます。

日本人も意外といろいろな寄生虫を持っています

寄生虫の中には、感染してもほとんど症状が出ない虫もいます。その一つが「横川吸虫」です。体長約1ミリ、体幅0・1ミリの小さな楕円形の虫です。

感染源として考えられるのはアユです。アユは黒コゲになるまで焼いて食べる人はまずいません。たいていは、生焼けの状態で食べるでしょう。そのときに横川吸虫の幼虫が口から入って感染します。

しかし、本人はまるで気づきません。ほとんどが無症状だからです。この虫は、人の小腸の粘膜に吸着して生活するだけで、腸粘膜の内部に侵入しようとしないので、何の症状も出ないのです。つまり、仲よくつきあえる寄生虫、ということです。寿命も1年足らずですので、放っておいて大丈夫です。

昔はアユ漁の盛んな地域の住民のみが高率で感染していました。最近は、旅行でアユを食べる人が多いですし、流通網の発達により自宅でも安価に食べられます。そんな理由で感染者が増えているとみられます。

また、シラウオも横川吸虫の感染源です。シラウオを生で食べたり、踊り食いをしたりすると、感染する可能性が高まります。

日本人の寄生虫感染率の第1位は、この横川吸虫とみられています。第2位は、不潔な飲料水や野菜から感染するランブル鞭毛虫《べんもうちゅう》、第3位は肝吸虫と報告されています。

肝吸虫の感染は、フナやコイなどの淡水魚を生で食べると起こります。日本人が「コイのあらい」や、フナやモツゴの刺身を食べる機会が意外とあるためでしょう。

また、最近はアウトドアがブームで、釣りをする人が多くなっています。海釣りに凝って自分で刺身をつくる人はアニサキスに、川釣りに凝る人は横川吸虫や肝吸虫に感染しやすいといえます。

肝吸虫の親虫は人の肝臓内に棲みつきます。多数の感染があると、胆管を虫が塞ぎ、胆汁が滞り、最後は肝硬変になると知られています。しかし、少数感染ならば、ほとんど無症状です。ただ、コイを生食する琵琶湖周辺では感染者が多く、詳しく調べると、肝機能の異常や、胆道や膵臓に炎症が見られるケースがあります。

また、韓国やタイなど肝吸虫の流行地では胆管がんが高い割合で見られますので、あまり軽く見てはいけないということでしょう。

アタマジラミに感染した子は「プールに入ってはいけない」は、でたらめ

以前、「幼稚園生の息子にアタマジラミがつきました。他にも何人か感染していたのですが、園長先生には犯人探しをされ、プールの時間も見学になりました。何よりお友達に『シラミ！』『近づくな』といわれたことがかわいそうで……。どうしたらいいでしょうか」と、あるお母さんから相談されたことがあります。

今、アタマジラミの感染が年々増えています。アタマジラミは報告義務がなく、年度ごとの正確な比較はしにくいのですが、80年代に比べても大幅に増えていると見られています。衛生環境の整った日本で、なぜ増えているのでしょうか。

1つには、海外旅行が増えて国内に持ち込まれるケースが多くなったこと。2つめは、シラミを知らない大人が増え、拡大するまで気がつかない場合が多くなったこと。3つめは、これまで使われていた薬剤が効かなくなってきたことが挙げられます。

シラミに感染した子どもの母親は「なぜか」「どうしたらいいのか」と涙ながらに訴え

ることが多いようです。でも、感染は不潔さとは関係ありません。どんなに清潔にしていても、誰でも感染します。たとえば、幼児や小学校低学年の子どもは、頭どうしを接触させて遊びます。そのときにうつったりします。コロモジラミとは違い、汚れた服をいつまでも着替えないことで繁殖するような虫ではありません。あまり神経質になったり、パニックになったりしないことです。

ノミのように飛び跳ねたり、ハエのように飛んだりすることもありません。水を泳いでいくこともありません。ですから、プールに入ってはいけない、ということはないのです。感染の場としてプールは考えられないからです。ただ、ロッカーやタオルの共用で感染することはあります。でも、タオルの共用などあり得ないでしょう。ロッカーもその子が使ったあとに、大人がこっそり消毒してあげればよいだけです。

なお、コロモジラミは発疹チフスや回帰熱などの感染症を媒介することがありますが、アタマジラミはそんなことはしませんので、安心です。シラミ対策専用のシャンプーを10日おきに使って成虫や幼虫を駆除し、専用の目の細かなクシで卵をとりのぞいていけば、いずれいなくなります。シラミがいなくなれば、かゆみも消えます。

この点で考えると、ぎょう虫も同じです。「ぎょう虫陽性の子はプールに入れるな」と学校では決めています。これにも根拠がありません。お尻についたぎょう虫の卵がプールの中で離れ、他の児童の口から入る確率はゼロに等しいからです。それでも、感染した子どもがプールに入るのは困るというならば、プールに入る日の朝、感染児童は起きたらシャワーで肛門周辺を洗えばよいだけです。そうすれば、友達への感染を遮断できます。

問題なのは、「プールに一緒に入るとうつる」といったでたらめなことを教育の現場で行うこと。それがいじめや差別の原因になってしまうことです。

「ノミしらみ馬の尿《しと》する枕元」

これは、松尾芭蕉の有名な句です。元禄時代、ノミやシラミ程度の害虫とは、日本人はまあまあうまくつきあってきました。

ところが、現代の日本人は害の小さな虫も嫌がります。アタマジラミもそうですし、ぎょう虫もそう。ゴキブリなどは「キャーッ」と悲鳴を上げられる始末です。そうして、たたき潰されるか、殺虫剤をこれでもかと吹きかけられます。でも、これだけは知っておいてください。現代の日本では、ゴキブリはほとんど悪さをしません。「清潔大国ニッポン」にはゴキブリが運ぶ病原体がそんなにいないからです。そんなゴキブリを、なぜ日本人は目の敵にし、異常なまでに怖がるのでしょう。このことが不思議で、以前、「ゴキブリ殺し製品」をせっせとつくっているメーカーに尋ねてみました。その答えに驚きました。

「ゴキブリが『不快昆虫』だからです」

そうなのです。日本人は「気持ち悪い」という理由で、ゴキブリを殺しているのです。では、「気持ちが悪い」と感じるものは、自分勝手に殺してもいいのでしょうか。

「人の命は、何よりも尊い」と教える大人が、「不快だから」「気持ち悪いから」と罪なきゴキブリをたたき殺す。この矛盾が、私にはどうにも理解できません。不快さを理由に、同じ生活環境に棲む虫を徹底的に排除しようとする考えは、無邪気な子どもたちの思考に「不快だから」といじめてしまう短絡さを植えつけはしないでしょうか。

日本人の多くは今、清潔志向の高まりとともに、身の回りの異物をすべて排除したい気持ちが高じ、敵か、敵ではないかの見分けもつけず、「不快さ」を理由に他の生物の命を簡単に奪っています。大人の多くは「いじめはいけない」といいますが、それならばまずは「不快だから」とゴキブリなどの虫たちをいじめることをやめ、「ゴキブリだって、このせちがらい世の中で一生懸命に生きているんだね」と語ってあげるべきでしょう。

ちなみに、私はゴキブリをよく食べましたよ。中国では油でザーッと揚げて、カリカリッと仕上げて食べる。これがうまいのです。また、ネパールでは、「死ぬほどおいしい!」と評判のチーズ屋さんに連れていってもらったら、真っ黒のチーズがつり下がっていました。チーズが真っ黒に見えるほどハエがすき間なくたかっていたのです。案内してくれた日本人は、「チーズはこうじゃなきゃ、おいしくならない」と笑顔でいっていました。

誠実な夫を気どってみても不貞行為を伝える寄生虫もいるのです

シラミはシラミでも、私もあんまり好きではないシラミがいます。毛ジラミです。

だいぶ前の話です。私のところに、陰部がかゆくてしかたがない、という患者さんがやってきました。調べてみると、毛ジラミがいっぱいいいました。話を聞くと長期休暇を使って、フィリピンに行っていたそうです。「マニラにはネズミがいっぱいいたので、きっとネズミから感染したのです」とこの男性はすまし顔で私にいいました。

しかし、それはウソです。毛ジラミはネズミの毛にはすべって、つかまれません。人間の髪の毛にもすべって寄生できません。実は、人の陰毛にしか寄生できないシラミなのです。よって、毛ジラミの感染源はセックス以外には考えられない、ということになります。

毛ジラミは、よく見るとカニのような形をしています。体長は1～2ミリ前後で、強力な爪を持っていて、陰部の毛を渡り歩きます。陰毛にしか寄生しない、エッチなシラミなのです。この毛ジラミ症は、立派な性行為感染症の一つです。

毛ジラミは、吸血するとき、陰毛の毛根付近の皮膚に密着します。一見、陰部に小さなホクロがたくさんあるように見えます。毛ジラミは、卵を1個1個産み落とします。そのとき、糊のようなものを出して陰毛にしっかりくっつけます。ですから、すべての卵を毛から外すのは不可能です。

よって、いちばん効果的な治療法は剃毛です。毛を剃ってしまえば、皮膚に密着している毛ジラミの生活の場を奪い、かつ卵を全部除去できます。

しかし、いろいろな事情で「毛を剃る」ことができない場合が多いのです。この患者さんも、「妻にバレると困る」と剃毛を頑なに拒否します。私が毛ジラミの患者さんを診るのがイヤなのは、こうして夫婦問題や男女関係に巻き込まれてしまうからです。

しかも、この患者さんの場合、話は複雑です。フィリピンから意図せず持ち帰った毛ジラミを、奥さんにもうつしてしまったというのです。だから、諸事情を内緒にしたまま、奥さんと自分の治療をしてほしい、と訴えました。

「そんなこと、不可能ですよ」と断りました。でも、男性は「話されてしまったら、わが家は崩壊してしまう。せっかくこの歳まで『品行方正な夫』と女房に思われてきたのですから……。お願いします、藤田先生がお困りのときには、必ず力になります」と嘆きます。しまいには、「今後、何かあったら藤田先生のためになんでもします」と誓約書まで書き出しました。

この患者さんは、某建設会社のインドネシア支店長でした。「まあ、じゃあ、何か困ったことがあったら、助けてもらいましょう」としぶしぶ引き受けました。

毛ジラミは、感染するとひどくかゆみます。かいているうちに、毛囊炎や陰部の湿疹、膿疱などを起こすこともあります。でも、支店長の剃毛をしたら、感染したらなるべく早く剃毛してしまうのがいちばんです。だから、一発で奥さんにバレてしまいます。そこで、私は奥さんの診察もし、もっともらしい感染原因を冷や汗ながらにつくり上げ、「ご主人も予防のために、一緒に治療してください」と、フェノトリン(商品名スミスリン)を陰部に散布して駆除する方法を伝えました。

この方法で、2人の毛ジラミは見事に完治し、平和な家庭を維持し続けました。

ちなみに、毛ジラミは眉毛に寄生することもあります。このときも明らかに陰毛からうつったと考えられ、そのときはセックスのスタイルを推測できることになります。

環境衛生が改善されるにつれ、毛ジラミも日本から姿を消しつつある、と思っている人が多いでしょう。しかし、減っているのはコロモジラミだけで、アタマジラミと同じく、毛ジラミも増えてきています。国際化による、人と人との「交流」が増えたためでしょう。

ただ、困るのは、夫婦間や恋人間でピンポン感染してしまうことです。性病で気をつけなければならないのは、自分の楽しみのために感染するだけでなく、それを何もしらないパートナーにもうつし、相手に話せなくて治療を遅らせてしまうことです。

なお、この話には後日談があります。支店長はその後、とんとん拍子に出世し、10年後には本社の副社長、住宅部門の本部長になりました。そのころ、私は長崎大学から東京医科歯科大学への転任が急に決まりました。東京の京王線沿線に小さな土地を持っていましたが、そこに建つ家はボロボロすぎて、建て替えが必要でした。

ところが、当時はちょうどバブル前の建設ラッシュで、まともに頼んでいたのでは、いつ家が建つかわからない時代でした。かくして私は、例の「誓約書」を携えて、新宿高層ビルにある建設会社の副社長室をさわやかに訪ねていったのです。

私の家がすぐに建ったのはいうまでもありません。私はうれしくなって、わが家に「毛ジラミ御殿」と名づけました。ところが子どもたちに猛反対され、やむなくその名を撤回しました。

ちなみに、だいぶ以前のことになりますが、私たちは東京医科歯科大学の皮膚科と共同で、毛ジラミの感染源を調べたことがあります。

1957年から85年までの調査では、感染源は男性で1位は特殊浴場(つまりソープランド)、2位は外国人女性、3位はバーなどの女性となっていました。女性では、1位は夫、

2位は男友達、3位は客でした。今も感染源は、たいして変わっていないと思います。注意のため参考までにお伝えしておきます。

なお、他にも、発展途上国に出かければ、日本人が忘れてしまった性病が多く流行しています。梅毒や性器ヘルペス、エイズなども珍しくはありません。海外では気が大きくなるのか、感染して帰国する人が、男性も女性も変わらず多くいます。私が診療したケースでも、海外で梅毒に感染し、それを奥さんにうつしてしまった、ということがありました。

また、意外と知られていない感染症に「伝染性単核症」があります。「EB（エプスタイン・バール）ウイルス」が原因です。EBウイルスは幼児期に感染してもほとんどが無症状ですが、青年期以降に感染すると、熱が出て、だるくなります。

キスが主な感染源になるので、別名「キス病」といいます。中年以降に初めて感染すると、「慢性疲労症候群」に似た症状が出てくることがあります。体がだるくて、眠り続けてしまうのです。このため、「なまけ病になった」といわれたり、うつ病と誤診されたりします。EBウイルスも日本では少なくなっていますが、海外で大人の恋愛を楽しみ、感染してしまうことがあります。

「私だけは安全」という安易な思い込みは後悔のもと。健康的に明るく、羽をのばすのはよいことですが、いらないものを持ち帰らないようくれぐれも気をつけましょうね。

「おわりに」にかえて

私たち兄弟3人がまだ幼かったころ、父である藤田紘一郎は、何度か体調を崩して、家で横になっていたことがありました。

寄生虫の研究は相当に困難なものだったはずですし、大学という特殊な環境に身を置くプレッシャーやストレスなども大きかったのではないでしょうか。

もちろん、幼かった私たちには、そんなことはわかりません。でも、父が「心臓が苦しい」といって、ときどき布団に寝転んでいたな、ということを今、思い出します。

そのたびに父は、私たち子どもたちを寝室に一人ずつ呼び出し、いうのです。

「俺は心臓が苦しくて、もう死ぬ。だから、おまえにはシャンデリアをあげるからな」

どこまで本気だったのかはわかりません。でも、体は本当につらかったようです。そして、何かというと「シャンデリアをやる」といっていました。わが家でいちばん高価なものが、両親が奮発して買った、キラキラと飾りのついた、リビングを明るく照らすシャンデリアだったのでしょう。「こんなすごいものを私にくれるって、お父さんが死んだら、どうしよう」。子ども心に恐怖におびえたものでした。

あれから50年近くがたちました。このたび、父は本当に旅立っていきました。

２０２１年5月14日、誤嚥性肺炎でした。

今となっては、あのシャンデリアは、もうわが家にはありません。順天堂大学から金沢医科大学へ、そして長崎大学、東京医科歯科大学と父が渡り歩く中、わが家も引っ越しをくり返し、シャンデリアはいつしかなくなってしまいました。でも、父は、大きくて温かくておもしろい、大切な思い出をたくさん残してくれました。

仕事が忙しいうえ、年間の多くを海外で過ごしていた父でしたから、家にはあまりいませんでした。でも、父が家にいると、家の中がパァッと明るくなります。人を笑わせるのが大好きで、自分もよく笑い、大笑いするとなぜか涙を流し始め、おちゃめで、でもときどき毒舌を吐き、「おもしろいことをいった」と自分で喜んでまた笑う、という父でした。

とにかく、やることなすことおもしろい父で、人が集まると歌い始めます。カラオケが大好きで、身振り手振りで一生懸命に歌います。その姿もおかしくて、家族でおなかを抱えてよく笑いました。

私たちが子どものころ、ときどきでしたが、家族サービスもしてくれました。でも、「父ならでは」の独特なやり方です。登山をすれば、一人でさっさと登って行き、頂上で私たちを待つことなく、「じゃあね」と先に下っていきます。海には遊びに行くのではなく、貝や魚など食べられるものをとりに行きました。旅が好きで、何度か家族旅行もしてくれましたが、帰りの昼食は、旅館の朝食でお櫃《ひつ》ごとおかわりしたご飯で握ったおにぎりでした。家族で出かければそれが「家族サービス」と思っていたようです。

ふだんは家にいなくても、金曜日だけは「お食事の日」と決めて、家族そろって母の手料理を食べました。父は、サバやサケをお土産によく持って帰ってきました。研究で使った、アニサキスをとり出したサバと、サナダムシの幼虫をとり出したサケでした。

幼いころにペットを飼うと、アレルギー性疾患になりにくい、というのも父の持論でした。でも、高価な犬や猫は飼えません。あるとき、「今日からうちのペットだよ」とかわいらしいネズミを2匹連れてきました。私たちは、その子たちに「パー」と「ポー」と名づけ、とてもかわいがりました。パーとポーは大学の実験用に増やしたネズミでした。

大勢の人を家に呼んで一緒に食事をするのも好きでした。母が腕を振るって数々の料理をつくりました。母の得意料理であり、お客さまにも好評で、父の大好物でもあったのが、「テキサスの肉」。テキサス時代に母が友人に教わった、牛のかたまり肉のトマト煮です。ただ、おもてなしのお金がないと、母が自分の指輪を質入れに行っていました。

そんなでしたから、私は家にお金がないことをよくわかっていました。貧乏でも家の中は明るくて、みんながいっぱい話し、いつもにぎやかでした。「どうしてウチって、いつもこんなに楽しいんだろう」と子ども心に満足し、わが家を誇りにも感じていました。

それは、父が貧乏を自分のネタにして明るくおかしくおしゃべりし、母も大変だったはずですが、一緒に楽しんでいるような両親だったからとも思うのです。父から強要や説教や訓戒などを受けたことはありませんが、日常の会話から、「自分で考えて、責任を持って、見栄などはらず、正しく生きていきなさい」と教わったように感じます。

父は研究者としての名前が知られていますが、長い間アルバイトで臨床も行っていました。本文で「お金のために老人病院でアルバイトをしている」と冗談めかして書いていますが、実際には患者さんの列ができるほど、父を待つファンが多かったと聞いています。

父の死後、患者さんだった方々からお手紙をいただきました。「50年以上も前、とても貧乏で苦労する中、お金がないのに藤田先生が家まで往診に来てくれ、一緒に住む家族まで『診てあげるよ』と診察してくれました。優しくていねいで、人に寄りそってくれる先生でした」と話してくださる方もいました。

私も父が働く病院に遊びに行ったことが何度かあります。古くて小さく、当直室にはカップラーメンが山積みになっているような病院でしたが、患者さんに慕われ、診療がなかなか終わらない父を見て、「お医者さんってすごいんだな」と思った記憶があります。そんな父の背中を追って「私もお医者さんになる」と物心ついたときから決めていました。

紆余曲折あり、私は歯科医となりましたが、医療人として父のようでありたい、という思いがいつも心にあります。「医療人たるもの」と、心得を言葉で教えられたことはありませんが、わけへだてなくていねいに治療にあたるその背中が、

「人に誠実に、心に寄り添っていくのが医者だ」と大切な心得を語っていたと思うのです。

そうはいっても、父自身、大変なことは多かったはずです。医学界からも、洗剤や食品のメーカーなどからもバッシングされることばかりでした。外では矢面に立ち、強い自分であり続けましたが、自分の中では怖さや不安もたくさんあったと思うのです。それでも、保身に走ることなく、まわりに何をいわれてもぶれない強さがありました。責任感が強く、媚びへつらうこともずるいこともせず、陰ひなたのない人でした。

ただ、ときどき気に入らないことがあると、瞬間湯沸かし器のようにカーッとなることはありました。でも、少したつと「さっきは怒ってしまって、ごめんなさい」と謝ってくるかわいらしい一面もありました。

私が結婚をするときも、おもしろい父でした。緊張した夫が父に挨拶にくると、「ウチの娘をもらってくれてありがとう。本当にすみませんね」というのです。式のウェディングロードでは泣くのではなく、一人で笑って笑って、笑いが止まらなくなっていました。

私の結婚式から少したって、家族みんなでインドネシアのバリ島に旅行したことがあります。バリ島の伝統の舞踊劇であるバロンダンスを見たときです。父は、夫にバロンダンスの意味を語って聞かせたといいます。バロンとは、森に住む想像上の聖獣で、バリ・ヒンドゥーの善を象徴します。反対に、魔女ランダが悪の象徴とされ、二つはお互い倒れることなく永遠の戦いを続けます。

「しゅうちゃん(夫のこと)、この世の中は、結局、善と悪が永久に存在するのだから、うわべの『善』や『悪』に惑わされることなく、器を保っていきましょう、という意味がバロンダンスにはあるんだよ」

「よいものを認め、悪いものはとり除く」ことが当たり前の世の中で、「どんなものにも善と悪、表と裏があり、それをまとめて人間」という父の話が心に深く残っていると夫は話しました。そんなバロンダンスの世界観は、父の生き方そのものでなかったかと思います。父は、寄生虫の研究をしながら、たくさんの著書を通して、「排除社会」に警鐘を鳴らし続けていました。

「人でも寄生虫でも細菌でも、浅はかな考えで悪いと思ったものを排除するのはよくない。自分にとって悪いと思ったものも、誰かにとっては善であり、世の中にも一人の心の中にも善と悪はたくさん存在し、永久になくならない。悪を排除しようとせず、おおらかな気持ちで共存していこうと思えば、社会も、自分の心と体もすべてうまくいく」

そんなことをいい続け、「排除しない生き方」を実践して示していたと思うのです。

父の戒名は「仁恵院貫志紘道居士」です。「『仁恵院』という院号は人々に慈しみの心を恵むという意味で、紘一郎さんの生き様は己の志を強く持ってそれを貫き、その志は人々に慈しみの心を恵む道であったいう意味が込められている」と住職が話してくれました。

父は生前に「葬式は一切しない！　密葬にすること!!　親戚には2か月後に報告すること」という手書きの書を残していました。「大学の名誉教授がそんなこと、できるの？」と生前に家族で話していましたが、父は頑なに譲りませんでした。不思議なもので父の願いは、新型コロナウイルスの流行で、人が集まれないという状況により叶えられました。父の訃報に接し、葬儀やお別れ会の問い合わせをたくさんいただきました。みなさまのあたたかなお心は、きっと天国の父に届いていると信じています。

また、「延命処置はいっさいしない」と語る動画も残していました。母校の東京医科歯科大学に入院し、そろそろ危ないというとき、ＩＣＵから電話があり、延命処置をどうするかという話になりました。コロナ禍でお見舞いにも行けない中、動画を病院に送り、本人の意志をくみとっていただきました。

ただ、私たち親族にとって、いざ父の死を目の前にしたとき、父の意志がわかっていても、これでいいのかと迷いました。どんな姿になっても生きていてほしいという願いと、寝たきりのまま生きることを父は望まないだろうという思い。家族の思いが錯綜する中で最終的な決め手となったのが、父の動画でした。

この動画は今年になって撮影したものです。動画の中の父は、「延命処置はいっさいしない」とまじめなことをいいながら笑い出し、笑いすぎて涙を流した泣き笑いの姿がおかしくて、家族も一緒に大笑いしているという動画でした。

こんな手紙や動画を残しているところも、父らしいのかなと思います。

自分の死に方に対してまでも、責任をしっかりとった藤田紘一郎でした。

父の著書を最後までお読みくださったみなさまに、父に代わって心から感謝を申し上げ、あとがきにかえさせていただきます。本当にありがとうございました。

藤田紘一郎長女　株式会社ｋｏｄｏ代表取締役　鈴木智恵子

藤田博士
フォトアルバム

発展途上国を中心に70か国近く巡り、寄生虫学、熱帯医学、感染免疫学などの研究に生涯をかけた

「人と違っている」ことを恐れたりせず、あるがままに生きることが元気の秘訣！

（※著者の遺影にもなった1枚）

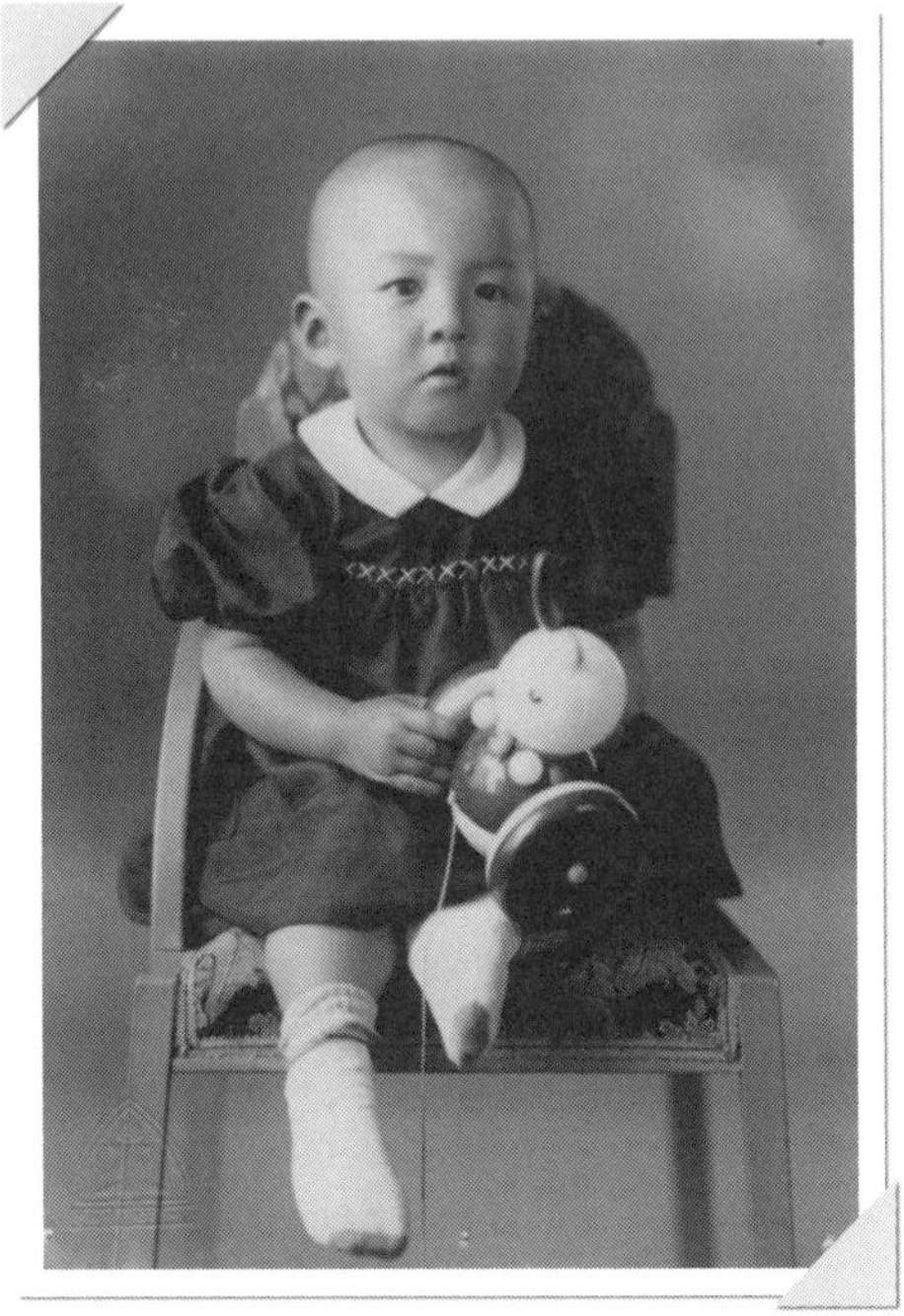

赤ちゃんの頃の著者。
1939年、中国・旧満
州ハルピンに生まれた

高校卒業まで、三重県
明星村の国立結核療
養所の宿舎で過ごす。
後列左から著者、父、
母、妹の厚子さん、弟
の邦彦さん

オレ、どうして
モテないのかなあ・・・・

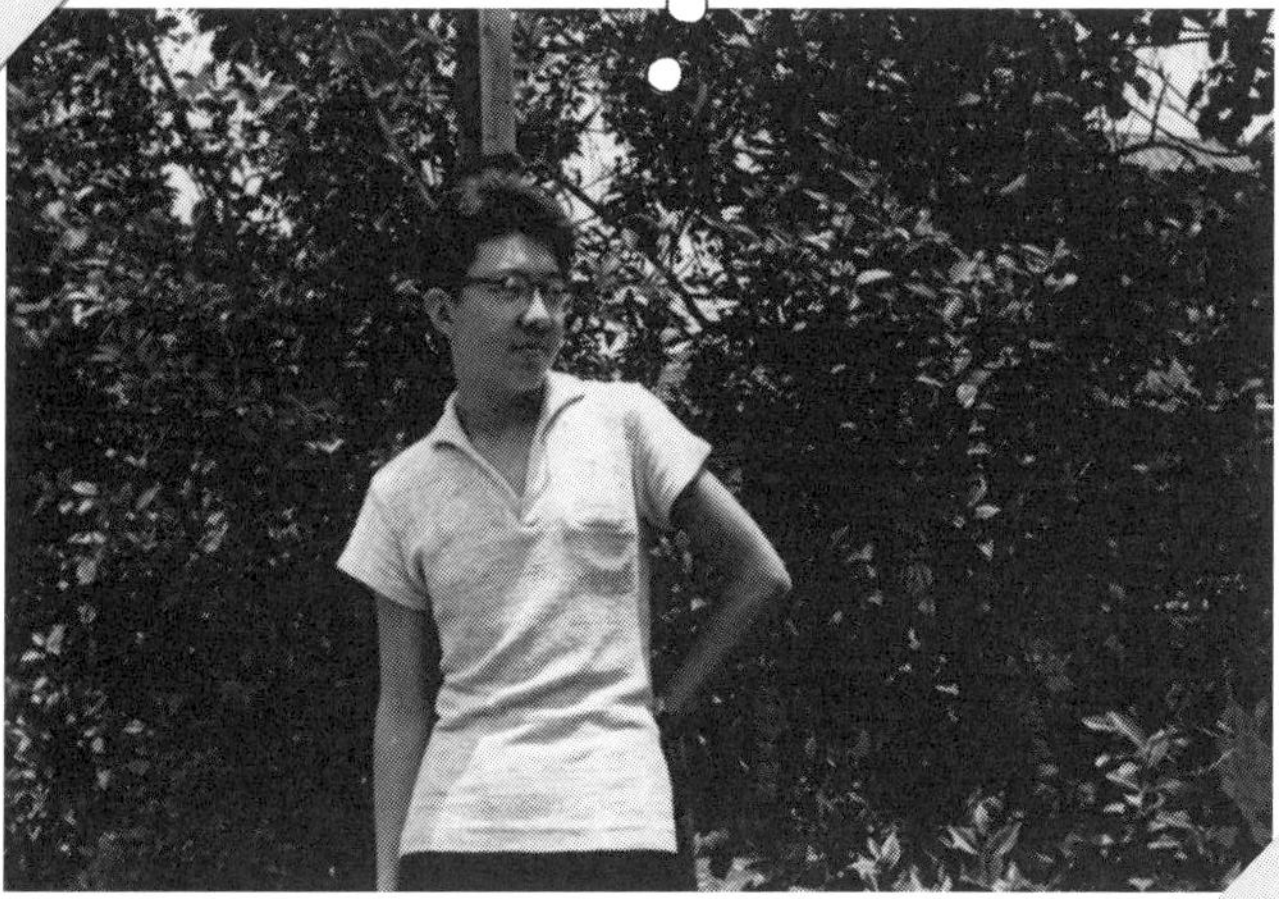

「女性にまるでモテず、柔道に打ち込んでいた」という大学時代

インドネシアのカリマンタン島の暮らしは、心身の病気の原因を考えなおすカルチャーショックの連続

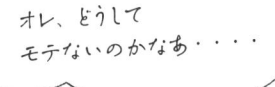

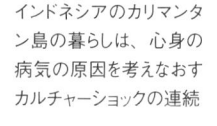

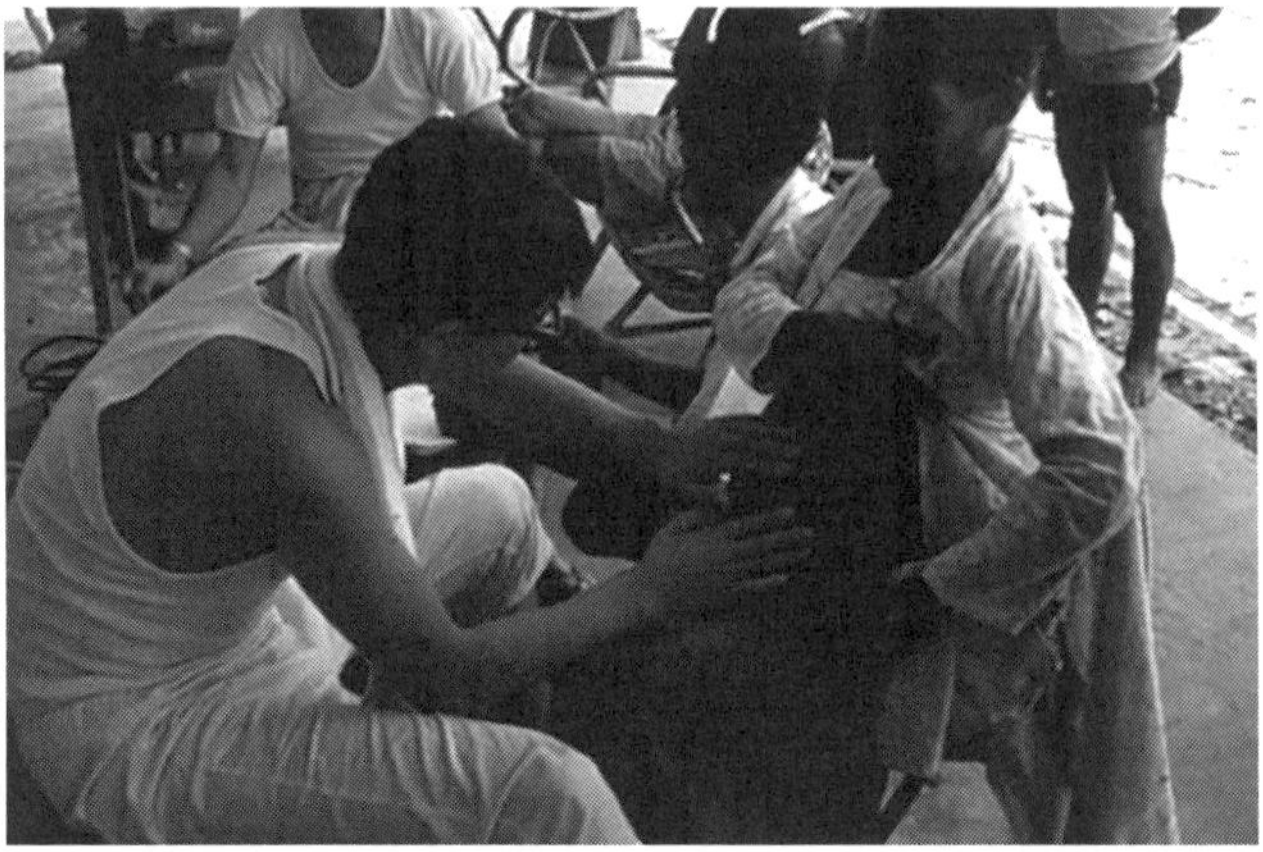

カリマンタン島の人たちは、ほとんどが回虫
などの寄生虫に感染しているが、アレルギー
性疾患になっている人はいない

舟をチャーターし、ブル島などさまざまな孤島に
も検診や医療調査に行った。漂流の経験も

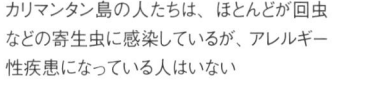

生まれたばかりの長女智恵子さんと。家族と一緒のときには、明るく優しく話のおもしろいお父さん

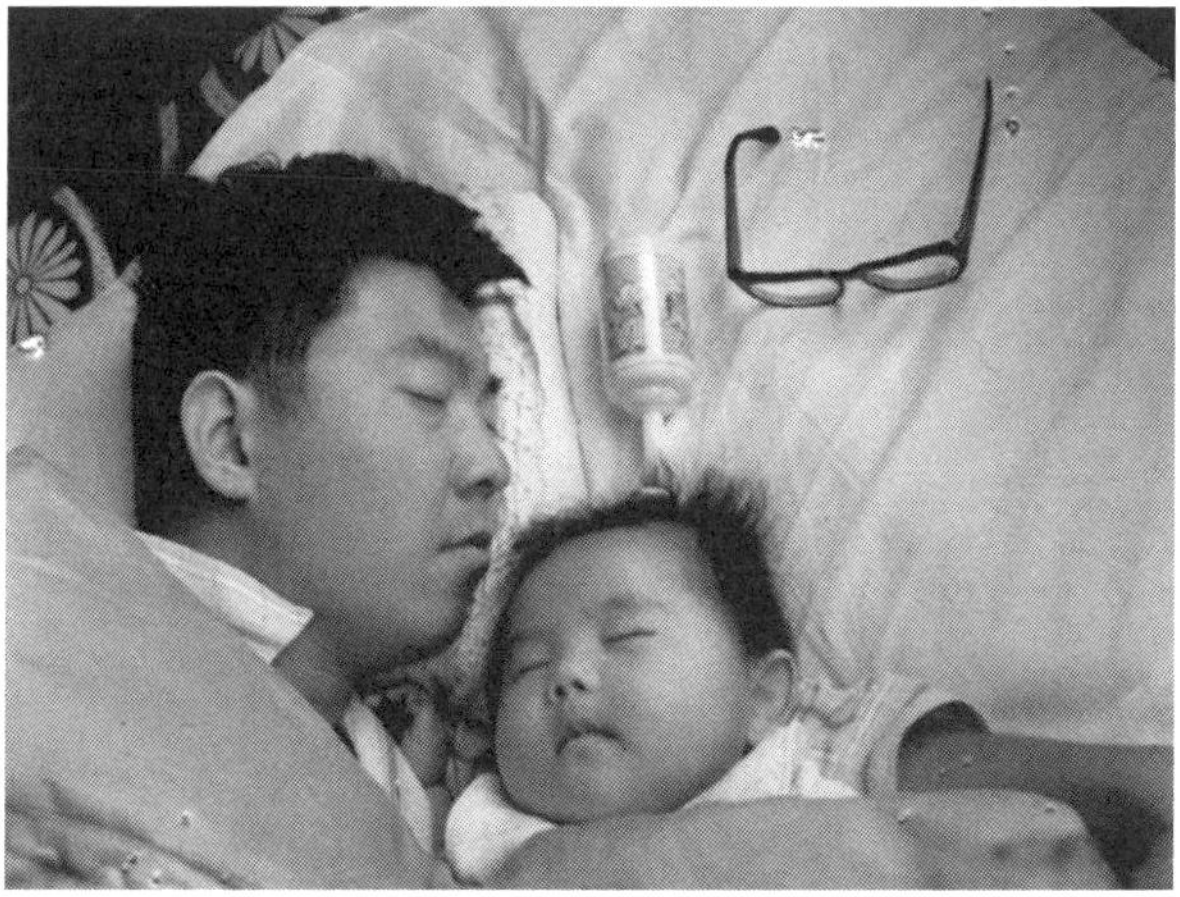

美人でしょ？
僕に似てほんとによかった！

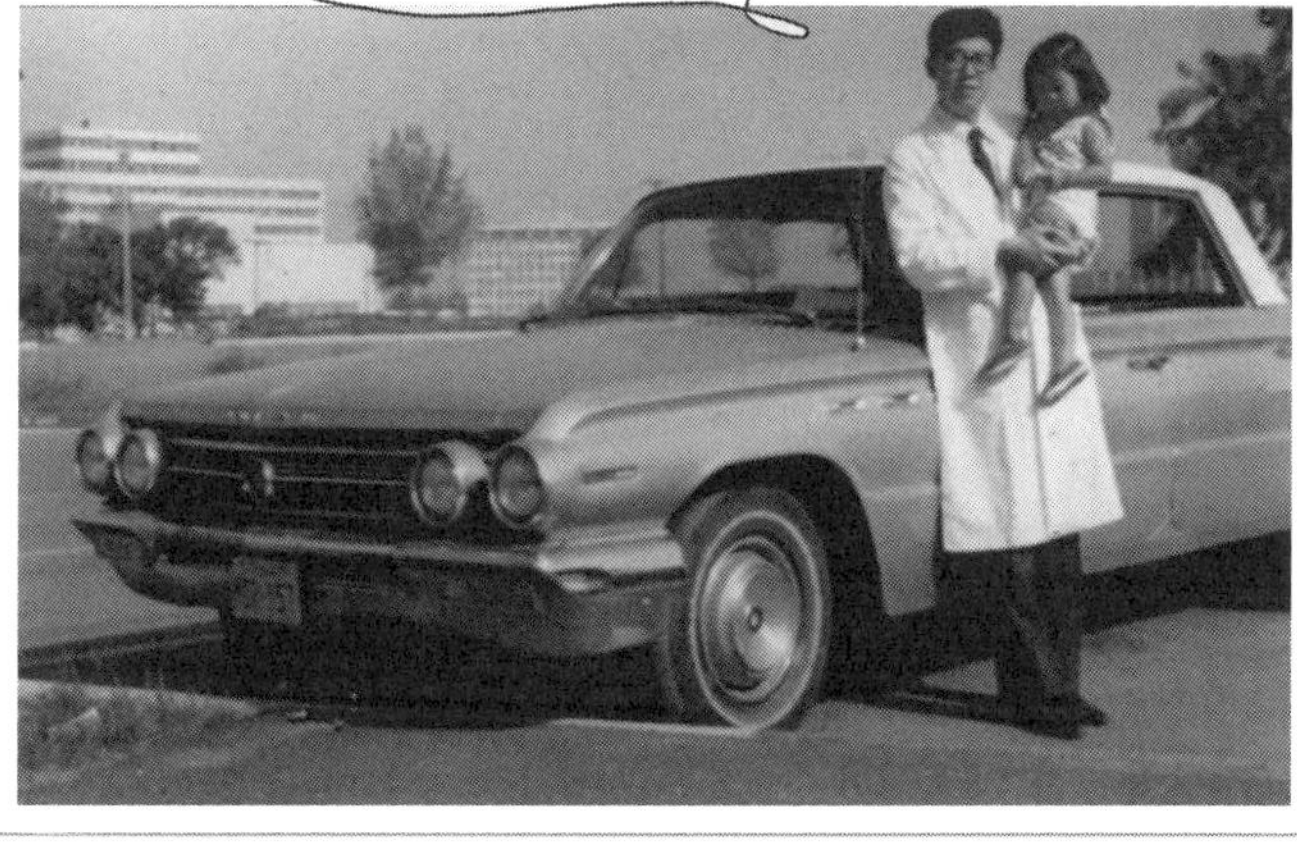

テキサス大学のリサーチフェローの頃。愛車は、ボロボロのビュイック

パプアニューギニアにも医療調査の
ために20年間通った

藤田家のペットは、実験用
ネズミの「パー」と「ポー」

1975年の正月、家族5人で。左から次女紘子さん、著者、長女智恵子さん、長男宏司さん、妻芳子さん

長女の夫「しゅうちゃん」と楽しく！　カラオケが大好きで、人が集まるといつも陽気に歌った

少年期を過ごした三重県明星村、国立結核療養所の宿舎あと。妻芳子さんと。

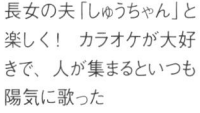

藤田紘一郎先生　年表

西暦	和暦	年齢	主なできごと
1939年	昭和14年	0歳	中国東北部旧満州のハルピン市に生まれる
1942年	17年	3歳	弟（邦彦）が生まれる
1944年	19年	5歳	父は極秘で家族を日本に戻す工作をし、母、私、弟、女中のスナさんでハルピン脱出
1945年	20年	6歳	東京大空襲を受け、大三島へ疎開、父が行方不明
1946年	21年	7歳	突然父が現れ、三重県の国立結核療養所の宿舎に住む。明星村の小学校へ入学
1947年	22年	8歳	療養所敷地内を耕し畑を作る。妹（厚子）が生まれる。いじめが始まる
1948年	23年	9歳	ヤギ、ニワトリ、ウサギの飼育始める。スナさんが韓国へ帰国
1951年	26年	12歳	地元明和中学校入学。いじめが悪化。伊勢市の中学校に転校。「明星のイモ」といじめられた
1954年	29年	15歳	三重県立宇治山田高校に入学
1957年	32年	18歳	宇治山田高校卒業。東大一本で受験し落ちる。東京の親戚の家に下宿し、予備校通い
1958年	33年	19歳	東京医科歯科大学医学部入学。柔道部に入部。女性にもてない日々を暮らす
1962年	37年	23歳	安保闘争で国会へのデモに参加。柔道部ではキャプテンになる
1964年	39年	25歳	整形外科に入局予約をし、実地訓練を始める
1965年	40年	26歳	東京医科歯科大学卒業。東京医科歯科大学附属病院インターン

1966年	41年	27歳	第40回医師国家試験合格（190399号）東大医学系大学院入学。トキソプラズマ研究
1967年	42年	28歳	トキソプラズマの研究を熱帯医学での最高レベル雑誌Am.J.Trop.Med.Hygに投稿 三井物産木材部嘱託医になり、インドネシア、カリマンタン島に赴任（6か月） 帰国後、東大伝染病研究所でフィラリア病研究
1968年	43年	29歳	熱帯医学協会より依頼を受け、毎年インドネシアへ巡回検査を行うこととなる
1970年	45年	31歳	東京大学大学院医学系研究科終了（医学博士）。東京大学医学部助手（寄生虫学）
1971年	46年	32歳	University of Texas Research fellow（微生物学）
1972年	47年	33歳	順天堂大学医学部助教授（衛生学）
1977年	52年	38歳	金沢医科大学教授（医動物学）
1980年	55年	41歳	大山健康財団学術賞、長崎東ライオンズクラブ奨励賞
1981年	56年	42歳	長崎大学医学部教授（医動物学）
1983年	58年	44歳	日本寄生虫学会小泉賞、長崎県医師会医学奨励賞
1987年	62年	48歳	東京医科歯科大学医学部教授（医動物学）
1995年	平成7年	56歳	講談社科学出版賞
2000年	12年	61歳	東京医科歯科大学大学院教授（国際環境寄生虫病学） 日本文化振興会・社会文化功労賞および国際文化栄誉賞
2005年	17年	66歳	東京医科歯科大学名誉教授、人間総合科学大学教授（免疫・アレルギー学）
2014年	26年	75歳	人間総合科学大学教授退任
2021年	令和3年	81歳	5月14日誤嚥性肺炎のため死去。従四位、瑞宝中綬章を受賞

藤田紘一郎（ふじた・こういちろう）
1939年旧満州生まれ。東京医科歯科大学卒業。東京大学医学系大学院修了、医学博士。テキサス大学留学後、金沢医科大学教授、長崎大学教授、東京医科歯科大学教授を経て、東京医科歯科大学名誉教授。専門は寄生虫学、熱帯医学、感染免疫学。1983年寄生虫体内のアレルゲン発見で小泉賞を受賞。2000年ヒトATLウイルス伝染経路などの研究で日本文化振興会・社会文化功労賞、国際文化栄誉賞を受賞。主な著書に『アレルギーの9割は腸で治る！ クスリに頼らない免疫力のつくり方』（だいわ文庫）、『アレルギーと腸内細菌』『免疫力 正しく知って、正しく整える』『腸内細菌博士が教える免疫力を上げる食事術』（いずれもワニブックス【PLUS】新書）ほか多数。2021年誤嚥性肺炎のため死去。

人の研究を笑うな

カイチュウ博士81年の人生訓

2021年12月10日　初版発行

著　者　藤田紘一郎
発行者　佐藤俊彦
発行所　株式会社ワニ・プラス
〒150-8482　東京都渋谷区恵比寿4-4-9 えびす大黒ビル7F
電話　03-5449-2171（編集）
発売元　株式会社ワニブックス
〒150-8482　東京都渋谷区恵比寿4-4-9 えびす大黒ビル
電話　03-5449-2711（代表）

デザイン　喜安理絵
編集協力　高田幸絵
印刷・製本所　中央精版印刷株式会社

本書の無断転写・複製・転載・公衆送信を禁じます。落丁・乱丁本は
㈱ワニブックス宛にお送りください。送料小社負担にてお取替えいたします。
ただし、古書店で購入したものに関してはお取替えできません。
©Koichiro Fujita 2021
ISBN 978-4-8470-7120-1
ワニブックスHP　https://www.wani.co.jp